U0135881

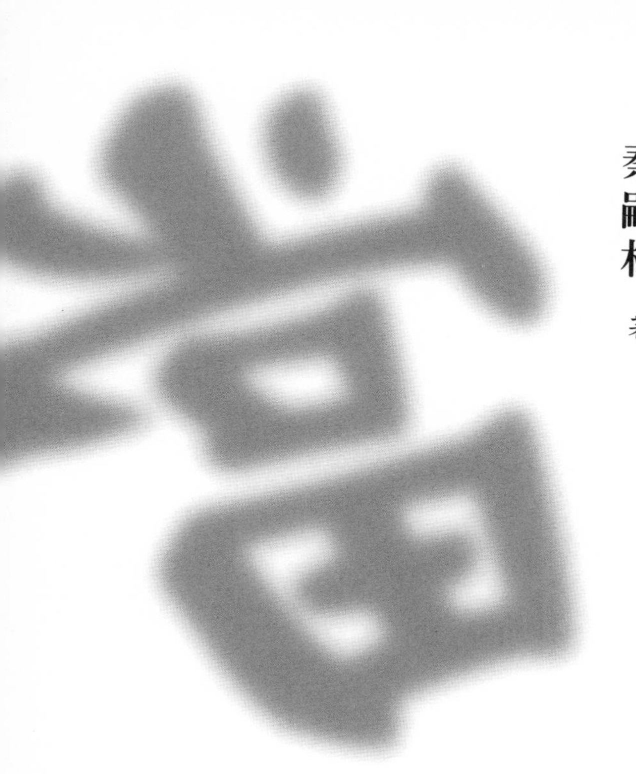

29張當票③

門簾外的人生鑑定

秦嗣林 著

序

本來我只是一個平凡的小人物，自從兩年前《二十九張當票：典當不到的人生啓發》與一年前《二十九張當票②：當鋪裡特有的人生風景》出版以來，感謝各界好友與媒體的厚愛，讓我多了許多曝光的機會，無心插柳之下，竟掀起一股淘寶熱。很多熱心的民眾從床底下、角落裡翻出一箱又一箱塵封已久的寶物，或是看起來像寶物的東西，拿到電視台或者是店裡讓我鑑定。其中許多不爲人知的感人故事，也隨之重見天日；不過跟著知名度而來的是是非非，對於一個年過半百的人而言，仍然需要很長的一段時間才能適應。

我在當鋪業的資歷快四十年，能夠重新賦予一個將近一千五百年歷史的古老行業新的方向，讓立志要成爲當鋪達人的我，感到十分欣慰。如果把四十年的時間當成一首曲子來看，開頭的序曲，雖然樂音略顯凌亂，甚至偶不成調，但是每一個認眞演奏的音符都能啓迪人心；當年我的當鋪從一個每個月房租只要七千塊的小店面起家，從櫃檯、欄杆和木門都沒假手他人，全靠我和老爹撿拾廢木料一槌一釘地打造上漆完成的，創業之初上門的客人多半是販夫走卒，雖然交易金額不大，但是每次交易背後的悲歡離合時常令人感慨不已，回想起來，雖然當時充滿了艱辛，卻留下了美好而燦爛的回憶。

而自從生意上了軌道後，樂曲便活潑花稍了起來，當鋪也跟著搬進台北市東區的精華地段，推開門便是氣派亮麗的營業廳，往來的對象也變成達官顯貴，每日所見識的盡是爾虞我詐與爭名奪利的遊戲，而過去的升斗小民反而再也進不了當鋪。所以像〈傳家金簪〉、〈一萬五千元的學生證〉或是〈二十年的派克鋼筆〉等感人的故事，再也難出現在當鋪裡，代之而起的是錢坑銀海的追求名利與麻木無奈。

面對未來環境的改變，我也不斷思索著如何將當鋪經營得更加豐富。爲此，我開始到台大念EMBA，希望能透過學術的薰陶，將一生的理念傳授給學生與後繼者，幫助他們造就更多助人爲本、服務至上的動力，間接也希望可以再創造更多感人的故事。

雖然當鋪業並非是我的興趣，但是我在年輕時便立志只走這一條路，把這件事做到最好。回顧這幾十年來，縱然波折不斷，但託天之福也都安然度過。不過在終點之前驀然回首，才驚覺多年來我一直背負著兩個垃圾袋：一是自古以來當鋪業的負面形象；二是來來往往的客戶到當鋪時隨手丟棄的負面心情，這兩只垃圾袋所產生的重量讓當鋪業抬不起頭來。

也因此，這兩年我一有機會就會在媒體上不斷宣導，想要扭轉當鋪的刻板印象，讓社會大眾了解當舖其實是充滿人性的行業，經得起輿論的檢驗。甚至有些人即便並不需要到當舖求現，但是當舖的專業知識卻可以成爲大家的好幫手，因爲當舖憑藉公正專業的立場有可能成爲鑑定平台，成爲買賣雙方交易安全的守門人。雖然既定印象一時間無法完全改變，這兩袋垃圾亦不可能完全丟掉，但我仍想努力減量，讓從事這個行業的人能夠少背負一些原罪。

另一方面，我不斷鼓勵自己與公司同仁，隨時要保持赤子之心與忠恕之道。工作也許是枯燥乏味的，但是若沒有一顆赤子之心，對人對己都是很大的傷害。赤子之心並非盲目的婦人之仁或是傻乎乎的同情心，而是保持一顆不忍人之心。因爲在當舖裡每天碰觸的都是白花花的鈔票，稍有不慎，很容易就會走上利欲薰心的不歸路。要如何才能避免呢？平日我會要求我的同仁與學生在做任何事之前，一定要以儒家的忠恕之道爲先，聽起來似乎很八股，但是執行時非常簡單；爲人做事，秉之以忠；爲人設想，持之以恕。

回想我擔任學徒的時候，當舖業毫無服務品質可言。因爲上門的顧客都是有求於人，久而久之當舖從業人員就養成高高在上的傲氣，財大氣粗仗著店大而行欺客之事，甚至動輒對顧客呼來喝去，當時種種不公讓我深深引以爲戒。所以在日後自己開業時，我就堅持建立以客爲尊的服務態度，無論客戶拿什麼上門，一定以最專業嚴謹的態度評估，不分尊卑一視同仁熱情招待。另外，如何維護質當品完美無缺，並且讓顧客的隱私滴水不露，這些都是當舖之忠，也是忠於客戶的權益與信譽。

再說恕道，也就是體諒客戶的心情。來到當舖的人，無論貧富貴賤，必有難言之隱，且泰半處於人生的谷底。所以我們出價時要合情合理，不能讓客戶擔心被占了便宜；日後客戶因故延宕也盡量凡事從寬處理，舉凡放款流程、收費、典當價格等都保有許多的彈性，只要要求不離譜，我們盡量配合。雖然典當有標準作業流程，但規矩是死的，人情卻是活的。現在我在同仁心中植入了忠恕之道，相信未來還會有更多動人心弦的篇章，在當舖裡不斷地展開。

這本《二十九張當票③：門簾外的人生鑑定》說的是那些上門來典當的人的故事，主角多是在社會底層生活的人物，裡頭同樣有許多感人的情節以及發人省思的啓發，也希望能夠帶給大家更多的收穫。

目錄

序 003

第一章 七個教我經營處事的人

賭神錢老 010
角頭老大闊仔 020
奸商老謝 036
賣菜義 051
蘇老實 065
游泥鰍 084
士官長 094

第二章　八個教我人情世故的人

舞廳頭牌小梅　116
相機裡的秘密　146
愛情上校　156
阿雀姨的秘密　174
酒家啞巴　184
頭號歌迷　194
福利餐廳，for free!　206
摘冠的選美小姐　221

附錄　當舖業的沿革與未來　235

第一章

七個教我經營處事的人

賭神錢老

經營當舖，客人自然來自三教九流、四面八方，其中找我典當最多的人是賭徒；但有些時候，也會有一部分不是因爲想典當，而單純想找我鑑定稀奇玩意兒的人。

有一天，我一位出身商業世家的好朋友「張先生」忽然問我：「有件好東西請你幫忙看看。」說完就從隨身的袋子裡掏出了一個木匣，裡頭整整齊齊地裝著麻將牌。

雖然我自己不打牌，不過當學徒的時候，常常伺候愛打牌的老闆，所以對麻將還算熟悉。不過這副牌有些蹊蹺；每張牌的尺寸比市面上常見的塑膠麻將略大，而且色澤完全不同。張先生見我留上心了，便鼓勵我仔細瞧瞧。

我先是抄起放大鏡研究牌的材質，一看才發現，原來整副牌全是象牙製成。牌面經過長期的摩挲與手汗的浸潤略微泛黃，發出古樸的光澤，牌面刻工細膩，很有歷史文物的味道。我放下放大鏡說：「麻將不稀奇，但是象牙做的我可是第一次見到。你怎麼會有這副牌呢？」

「嘿嘿，這是我師父要我拿來讓你鑑定的。」張先生笑著說。

「師父？什麼師父會特地收藏一副麻將？」

他一派輕鬆回我：「當然是教我賭錢的師父。」

我聽了心裡犯嘀咕，只聽過教電腦、教插花，還有教詠春拳的師父，從來沒聽說賭錢也要請師父。於是我好奇地又接著問：「能不能告訴我這位師父是什麼來頭呢？」

這話匣子一開，張先生不僅說起了麻將的來歷，也談起自己的身世。原來他的父親在民國五十幾年時是個赫赫有名的金融業大亨，還身兼某信用合作社的理事主席。而在台灣傳統的商業世家中，子女除了要接受一般的教育之外，還得接受人際關係、社交活動等商業訓練，以便未來能接下長輩打拚的江山。因此自幼開始，張先生便不斷地接受各方藝文訓練，除了常見的鋼琴、吉他、手風琴之外，父親還延請大學美術系的教授教他欣賞畫作，與漢學大儒學習四書五經，培養他優雅的氣質。

但以上這些都不稀奇，在他十八歲時，他爸爸竟請了一位斯斯文文的上海人來當他的老師，這位先生姓「錢」，大家尊稱他一聲「錢老」。而錢老到張家只爲了教張先生一件事，便是如何賭錢。

這一聽我倒忍不住打岔了：「別開玩笑了，天底下哪有爸爸找人教兒子賭博的道理？」

他笑著說：「是啊，賭博哪裡需要教？幾個朋友聚在一起什麼都能賭。不過我父親在商場打滾數十年，見過很多的紈褲子弟誤交損友，一個晚上被騙幾百萬的大有人在。因此我爸爸認爲與其嚴令禁止，不如找專家教我賭博的門道，以後才不會被詐賭。」

「那麼你說的錢老，他都教你什麼？」

「不論撲克牌、骰子、牌九還是麻將，任何賭法他都會，尤其精通麻將。無論是手氣好時如何乘勝追擊；或是手氣不好怎麼保持不敗；甚至是各種出老千的手法等，他什麼都會，無所不教。錢老一輩子精研賭技，這副麻將乃是從當年上海的一方之霸黃金榮手上贏來的。日後他前往香港，照樣靠賭打遍天下。而我只不過是跟錢老學了幾年而已，在朋友之間便已能常常扮豬吃老虎，贏了不少。」

「既然他這麼厲害，靠賭博不就能致富嗎？哪裡需要當什麼老師呢？」

「正因爲他打牌不會輸，風聲傳遍大大小小的賭場，所以沒人願意讓他進場。」

錢老的故事我聽得一愣一愣，但眞要說起來，其實一般人賭錢並不會用象牙麻將，因爲若是材質不夠老，每一張牌的紋路還很清楚時，十分容易作弊。所以象牙麻將算是打著好玩的君子麻將，並不適合上戰場廝殺。不過，現在手上這一副牌的紋路已經幾乎一樣，想必經過很多人的手汗和時間，才能磨練出一副讓人猜不透的麻將。

我順手搓了搓桌面上的牌張，奇的是牌聲琤琮悅耳，聽起來心曠神怡，相較之下塑膠麻將所發出的喀啦喀啦聲簡直是噪音。這副牌已經不是單純的賭具，儼然已經是一件藝術品了。

於是我接著又問：「我見過不少有錢人打麻將，卻沒見過這麼精美的象牙麻將。不過比起這副牌，我更想認識錢老，能不能介紹我們認識呢？」

「行啊，不過得碰碰運氣。」

時間一轉眼就過了半年，我也沒把這件事擺在心上，但某天張先生突然來電約我吃飯，說要介紹錢老讓我認識，讓我雀躍不已。依約我到了一家西餐廳，只見張先生身旁坐著一位七十多歲的長者，精神矍鑠，眼神分外犀利，彷彿可以洞穿人心似的。

剛見面時，因爲彼此還不熟悉，我不好意思向他請教賭博的話題，而他也小心翼翼，只是一個勁兒地描述年輕時曾在上海光顧過的幾家高級西餐廳，換作不知情的人聽了，肯定以爲他是美食專家。一直到日後每隔一、兩個月，我們總會碰面喝酒聊天，大家愈來愈熟後，錢老慢慢放下了戒心。終於有一回，我們聊起了這副麻將，我抓緊機會問他：「錢老，當初您怎麼會讓張先生拿麻將給我鑑定呢？」

他笑著說：「唉，那可不是我的意思。其實張先生家裡收藏了很多古董，但他獨鍾我這副麻將，常常要跟我借。不過這副麻將可代表了一個輝煌的年代，所以我向來不外借。而那一天是張先生編個理由，說要幫我帶給你鑑定，我當下沒多想便交給他，誰知道不借還好，一借就是三個月。看來鑑定是假意，四處炫耀才是目的。我想通這一點，也就不跟他計較了。」

錢老談興一開，也開始聊起了自己的身世。他出身江蘇鹽城的官宦世家，自幼生活優渥，家中的大人常常打麻將消遣時間，而錢老每天就在牌桌間穿梭嬉戲，誰知道他的悟性奇高，看著看著竟無師自通。五歲不到就贏遍族中長輩，到了十歲便在鹽城一帶無人不知，鄉里間都知道有個小孩牌藝精湛，能算出每個牌搭子手上的牌。因此在十五、六歲時，錢老便決心在「賭」上發光發熱，於是收拾行囊，前往上海的花花世界闖蕩。

雖然錢老在家鄉已算數一數二的麻將高手，但是十里洋場的郎中有如過江之鯽，明明上一秒才拿到一餅，下一秒出手就變成九餅了。饒是錢老再會算牌，也算不到別人會出老千，因此剛開始常輸得灰頭土臉。不過再怎麼說，錢老也不想就這樣輸得不明不白，所以往往當對手手上還在數錢數得開心時，他便再掏出等額的賭金說：「剛才你贏我一千塊大洋，現在我再給你一千塊，你能不能教我怎麼把一餅變成九餅？」

對方聽了還以為他是傻瓜，笑道：「怎麼？輸一千還不夠啊？好，我就告訴你。」

此後，每輸一回，錢老便拜一次師，回家苦練賭術。慢慢地，錢老精通了各門各派的賭術和騙術，任何對手想在他面前詐賭的，都逃不過他的法眼。日子一長，錢老也漸漸在上海闖出了名號，各方賭徒都想會會這位不出千卻能戰無不勝的年輕人。同時錢老的財富也迅速累積，風光不可一世，名聲漸漸傳進上流社會，終於引起「上海三大亨」之一的黃金榮的注意。

某日正逢黃金榮壽宴，他在家中席開三十桌麻將，邀請各方名流友人打牌同樂，主桌上用的正是黃金榮的傳家之寶：象牙麻將。當時黃金榮手氣極旺，連勝多位好手，最後才終於輪到了錢老上桌。當時錢老年輕氣盛，開口便跟黃金榮叫陣：「黃老爺子打牌贏錢沒什麼意思！不如這樣吧，如果我贏了，這副象牙麻將歸我；若是我輸了，賠你二萬大洋。」

此話一出，現場賓客均嚇得鴉雀無聲，黃金榮聽了更是怒不可遏，立刻接下挑戰。而即便黃金榮的手氣再旺，終究也是敵不過錢老的高明牌技，果真被贏走了那副象牙麻將。黃金榮表面上願賭服輸，但是一個毛頭小夥子讓他在壽宴上丟臉，這口氣說什麼也嚥不下去，於是此後便千方百計找他麻煩。許多賭場礙於黃金榮的勢力，只能將錢老拒於門外。上不了賭桌的錢老宛如失去舞台的歌手，只能黯然離開上海。

到了民國三十幾年，錢老輾轉到了香港發展，當時雖然身上沒帶幾個錢，不過只消一個晚上便贏了四百多萬港幣，立刻威震香港各大賭場。而且無論麻將還是牌九，他賭什麼就贏什麼，所以也逐漸在尖沙嘴一帶闖出名號。錢老贏牌靠的都是算牌的真本事，預測上家與下家手中的牌，再佐以觀察每個人玩牌的習慣，就能手到擒來。雖然他也熟知各種詐術，但是從不出老千，算得上有職業風範。因此，也有許多大老闆即使在他身上輸了不少，仍然指名找他賭錢。

「既然你在香港混得這麼好，怎麼會來台灣呢？」聽到這裡，我忍不住開口問。

錢老乾笑了一聲說：「唉，還不是為了孩子。」

原來錢老年輕時曾經成家，還生下一個女兒。只不過太太受不了錢老沉迷賭國，結婚沒多久兩人便離異，原先女兒跟著母親生活，日後才轉而投靠錢老。基於此，錢老左思右想、考量了種種因素，覺得台灣還是較為安定的去處，於是便在民國三十八年，父女倆來到寶島。

不過，受到過去盛名所累，錢老初入台灣的賭場便已無人不知了，而且當時出千的郎中較多，錢老並不喜歡詐賭之徒，而麻將場也不歡迎一位百戰百勝的賭神。漸漸地，錢老只能打打小牌，賺些小錢維持生活開銷。不過隨著時間拉長，他的牌搭子也漸漸發現跟他賭錢不如直接送錢給他，因此慢慢地沒人想跟他打牌；同時也因為年華老去，於是錢老也在思考將一身賭藝傳給有心人，此時剛好就有人想請他當張先生的老師，所以也就順水推舟收了張先生為徒。

雖然一直耳聞錢老打牌功力，但其實我從未真的見過他打牌，只有在偶爾他的興致一來，才會拿出象牙麻將秀幾招賭場裡常見的千術，例如，如何在洗牌時安插牌的位置、怎麼擲出想要的骰子點數、如何神鬼不知地換牌等，任憑一旁的我們如何從哪個角度研究、仔細觀察，始終都瞧不出端倪。

錢老還提醒我們打牌時不能只看牌面和牌搭子，一定要特別留心四周家具擺設，以及一旁端茶倒水的人的神色，因爲每個小動作都有可能是有心人士刻意設下的陷阱。就這樣，錢老、張先生、我，還有另一位朋友，四個人時常湊在一起喝酒聊天，前前後後約三十年之久。不過後來隨著當舖的生意愈來愈忙，我們也逐漸失去了聯繫。

一直到民國八十七年左右，有一天，一位李先生登門拜訪，說有件寶物一定要讓我鑑定。他從隨身的行李箱裡拿出一個木匣，我瞧著有點眼熟，還沒等他開口，我立刻搶著說：「等一下，這是一副象牙麻將對不對？」

「是啊，你怎麼知道？」

「因爲全台灣可能只有這一副，而且還是屬於一位錢先生的，這你知道嗎？」

他點點頭說：「我知道。」

「好，讓我瞧瞧。」我接過木匣打開一看，果然是當年的那一副象牙麻將，只是獨缺一張東風，雖然另有四張空白的牌可以補上，但是要找到善於雕刻的工匠，還要將筆劃練得跟原先的字體一樣可不容易。不過，我不太在意缺張的問題，反而問道：「錢老最珍貴的寶物怎麼會落在你手上呢？」

「他是我的岳父，前些日子他已經去世了。」

我聽了十分難過，想到世界上少了一位賭神，半晌說不出話。我清清喉嚨問：「錢老怎麼走的？」

「他因爲賭場上的一點小事情跟別人起了爭執，一時氣急攻心住了院，加上急性肺炎，沒幾天就去世了。臨終前，他拿出這副麻將交給我太太，囑咐她：『全台灣只有大千當舖的秦嗣林看得懂。』所以我才來請您鑑定。」

「等等，難道你們打算當這副麻將？這可是錢老的遺物啊。」

「要當、要賣都可以，因爲我不打麻將，而且我太太不太諒解父親一輩子沉迷賭博，她甚至連看別人打麻將都不願意。我們討論過，與其留在櫃子裡生灰塵，不如找個識貨的人處理。」

我想了想說：「雖然這副麻將很寶貴，但是這是我的熟人所有，而且象牙的價格並不高，若是讓其他同業估價，價格也不會太高。」不過，要是我出價得太低，別人會說我趁人之危；若是出高了也不妥。想了想，我說：「這樣吧，我出十萬元，如果你需要就先當，若是你問到更高的價錢，再贖回去賣就得了。」這個數字已遠超過李先生的期待，於是他也開心地一口就答應。

開當票時我問：「難道錢老都沒留下其他東西嗎？」

「有啦，不過都是一些私人往來的信件，但我們並不了解岳父過去往來的朋友，所以都燒給他了。對了，你知不知道什麼人會對這副牌有興趣呢？」

我第一時間想起張先生，不過看起來李先生並不知道他與錢老的師徒關係，於是我也略過不提，只是找出張先生辦公室的聯絡電話，告訴李先生可以打過去問問。

果然沒隔幾天，張先生就跑到店裡，劈頭就問：「我師父的麻將是不是在你這裡？」

「是啊。」

「他的女婿前兩天打給我，開口要五十萬。你覺得我該不該買？」

「隨便你，反正他在我這裡當了十萬。」

「可是整副牌獨缺一張東風。」

「對啊，我只開十萬也是因爲少一張東風……等等，你怎麼知道少了一張牌呢？」

「嘿嘿，因爲那一張牌在我那裡。」張先生得意地笑著：「我最後一次跟師父打麻將時，他誇口說：『如果這把牌你自摸，我就送你一樣東西。』結果我眞的贏了！當時師父已經把他一輩子鑽研的賭場規矩、賭場趣聞、賭博秘訣等都寫了下來，只是礙於法令，無法出書。他原以爲我會討這一本秘笈，誰知道我什麼都不選，獨要一張東風。只要少了這一張，即使整副牌在他手上也甭玩啦！」

可要好好打才是。」

「你實在是居心叵測！」

「都是跟師父學的。不過，你覺得我該不該買呢？」

「我想你跟錢老也算有緣分，現在東風在你手上，整副牌又出現在你面前，這手牌

後來，張先生和李先生殺價殺到二十萬，最後由張先生拿著當票親自來贖。我一面拿出木匣，一面開玩笑說：「這副牌若不在錢老手上，可能發揮不了它的魔力。」

張先生愣了一會兒說：「確實也是，當初我假借拿給你鑑定的名義，硬借了三個月。這段期間我廣約牌友，跟各路英雄豪傑都打過。只是總覺得打起來卡卡的，不太入手。不過我看師父用這副麻將時，卻好像神乎其技，要什麼有什麼。」

「即使是千里馬，也得遇上伯樂才能日行千里，要不然再駿的馬也可能只在路邊拉車而已。錢老一輩子精研麻將，這副牌就得遇上他這種人，才能發揮極大的效果。就像再鋒利的寶劍得遇上一流的劍客，才能威震天下啊。」

「哈哈，有道裡。改天我們另外約兩個朋友一起來打打看？」

我搖搖手說：「我可是不打牌的啊。」

這也是我最後一次看到這副象牙麻將。

有人說：「人生是一場豪賭。」而其實人生中任何的決定也就像一場場的賭局，除

了全神貫注於主題上，其實更重要的是：注意周遭的變化。就例如打牌時一直執著於要自摸的牌，卻忘了看看牌搭子要怎麼出牌、別人臉上的表情等，說不定已經需要換牌了。否則雖然離勝利只剩臨門一腳，但卻更容易因此放槍而功虧一簣。

因此，日後我在下任何決定時，都會先觀察每一個人的意見和周遭環境，再深入了解主要問題，最後下的決定比較不會出錯。要是我一開始便深入研究問題，忽略了旁邊的事物變化，最後的決定可能就會是南轅北轍。雖然我與錢老的相聚總在吃喝中度過，我也不打牌，但從他的經驗裡，我卻獲得了一生都受用不盡的寶藏。

門簾外的一個啓發

一副麻將引出了一位江湖奇人，錢老外表平庸卻是貨眞價實的「賭王」，一個從不出千的賭場君子。錢老「注意周遭人物變化」的經世之學千金難買。試想多少人陷在人生關卡上走不出來，不正是「只緣身在此山中」嗎？冷眼觀察、細微思考方是縱橫全局的不二法門。

角頭老大闊仔

有一句諺語說：「酒愈喝愈厚，錢愈賭愈薄。」雖然我生平喜歡喝酒，卻非常厭惡賭錢。在當舖待久了，遇到賭客的機率也遠比其他地方高，其中為了賭一把，連家中生計都不顧的賭鬼比比皆是。

在我寄宿在當舖的學生時期，曾遇過一位先生扛著電視機來典當，他後頭還跟著揹著孩子的太太死命拽著他的衣袖，嚷著若孩子放學回家，沒卡通看會哭鬧不已，苦苦哀求先生不要當。可是這位賭鬼回身一腳把母子踹倒在地，硬把電視機推上櫃檯，拿了錢就跑去賭場，留下太太在門口哭得昏天黑地，如此醜惡的場面常常上演，直到現在也不曾改變。

賭博是貪婪、癡狂、僥倖等心理狀態交織而成，好賭的人只會記得贏錢的魔幻時刻，從不認為自己會輸；而且賭桌上的錢向來都不算是錢，而是一張張通往奇蹟的入場券。平時連五塊、十塊都要斤斤計較的人，只要進了賭場，賭桌上的籌碼也會愈堆愈高，甚至連命都可以押上。所以賭鬼個個有氣勢，卻常常沒尊嚴，萬一賭輸了就得求爺爺告奶奶，四處借錢籌措翻本的資金。

有些賭徒時常通宵達旦地賭，不惜吸食安非他命提神；再者賭場裡龍蛇混雜，萬一遇到輸不起的、出老千的、欠債不還的，發生暴力糾紛更是家常便飯；更甚者，各方勢力覬覦賭場的油水，械鬥、火拼也時有所聞。在我當學徒時，有一半的客人是賭場常客，遍及上班族、菜籃族、工人等族群，賭徒的嘴臉看多了，對於賭博自然沒什麼好感。

幾十年前，台北市大理街是有名的賭場聚集地，有時候客人當了東西後，便抓起鈔票趕著出門下注，甚至有的連當票也沒來得及帶走。要是晚點還是沒來拿，就代表手氣正好，無法抽身，可是當票不能擺到隔天，所以我們幾個學徒就得負責把當票送給客人。

還記得第一次去大理街，是由大師兄領著我去找一位早上當了戒指的施先生。我們踩著腳踏車騎在熱鬧的和平西路上，一拐進大理街，街景就完全不同了。四周的巷弄狹窄，如迷宮一樣複雜交錯，只見短短一百五十公尺的巷子，兩邊滿滿都是格局狹長又隔成四、五進（古早台灣長廊式建築）的賭場。置身其中，洗牌聲、擲骰子吆喝聲、推牌九聲不絕於耳，門口站著幾位像是流浪漢一樣的人物，專司把風，行話管叫「插旗的」，一見我們靠近便惡狠狠地問：「你們是幹什麼的？」大師兄見多識廣，立即亮出當票回答：「我們來找施某某。」插旗的往旁邊一讓說：「好，自己進去找。」

我們師兄弟兩人走進一間古厝，一座庭院映入眼簾，裡頭人聲鼎沸，四周的廳堂各有不同的賭博花樣，無論台灣牌九、骰子、麻將、撲克牌、四色牌應有盡有，賣點心茶水的小販往來穿梭，再往前走有座廟，廟埕上隨意擱著幾條板凳，一群「七逃人」*或坐或蹲閒磕牙，我這才發現賭博的族群如此龐大。然而，眞正讓我感到好奇的是，我們的當舖離大理街有段距離，爲何這麼多賭客願意犧牲寶貴的贏錢時間大老遠到店裡變現，這點我百思不得其解。

再隨著時間拉長，送當票也成了當舖附加的服務項目，只要客人說好在哪一個場子，我們便抽空送件。跑的次數多了，掌櫃便放心讓我單獨出馬，而每回到了豆乾厝（老式閩南聚落）總是賭客如織，從沒遇過生意清淡的時候。想來這麼大的生意，一定有個負責圍事的，可是每次我們問老闆，他始終以「江湖事小孩子不要多問」搪塞，我只好轉問幾位常上門的老賭客，他們均提到一位主事的老大——廖董。

據說此人最明顯的特徵便是一張大嘴，所以江湖上都給他一個綽號叫「闊仔」，他身邊還有一位楊先生，專門替廖董打理帳務，算是賭場的二當家。他有時也會爲了週轉而光顧當舖，認識的人都叫他一聲「楊仔」。

某一回，楊仔有樣東西到期了，因爲他在大理街是有頭有臉的人，萬一流當了，怕之後他會發脾氣找麻煩，難保不會發生糾紛，於是掌櫃便要我專程去通知一聲。我跳上腳踏車趕緊出發，一到賭場門口插旗的就說楊仔在廟裡，但我還沒來得及走進廟埕，立即又被顧場的人攔下來。

他先是問明我的來意，然後回頭喊了一聲，只見從廟裡走出兩位男子。領頭的那位目露精光，臉上掛著一張醒目的闊嘴，身材高大魁梧，沒被衣物遮蔽的皮膚露出龍飛鳳舞的刺青，以及怵目驚心的疤痕；右肩扛著一把傷痕累累的日本木劍，腳踩著木屐，頗有日本浪人的味道。跟在他後面的正是楊仔，我心想，前面這一位想必就是大理街的老大廖董。第一次見到這麼兇狠的人物，我緊張得口乾舌燥。

廖董下巴朝我一指問道：「你哪裡來的？」

我吞了口口水說：「我是當舖的學徒，後面那一位楊先生的東西到期了，掌櫃要我來通知他。」

「沒關係啦，會去討（贖）。」說完便轉身離去。我一想若沒問清楚，回去無法交代，且當時也不知天高地厚，於是便直接追問：「不然你們什麼時候來贖？」但話才剛說完，衣服突然向後收緊，後面一個流氓扯著我的領子大罵：「你跟我們老大講三

＊閩南話，指早期台灣社會中沒有或無固定職業，整天遊手好閒的人。

小？」口水還噴得我滿臉。

我從沒這麼直接地感受到暴力的威脅，嚇得不知怎麼回話，前面的楊仔回身拉開流氓的手，一邊拉平我的衣領一邊低聲說：「回去告訴老闆，我會去拿，他聽了就知道了。」有了他這句話，我立刻趕緊逃出廟埕，飆著腳踏車回店裡覆命。

掌櫃和老闆看我一臉驚恐，便問我發生什麼事，我一面喘氣一面說出事情的始末，掌櫃聽了也不敢多說什麼。過沒多久，楊仔眞的來贖當，老闆站出來衝著他喊著：「楊仔，你們搞什麼鬼？把我們家的小朋友嚇壞了。」楊仔聽了立刻拍拍我的肩，好聲地說：「少年仔，歹勢啊！你沒事吧？」我愣愣地點點頭，也因此認識了楊仔。有一次我問他：「你的老闆闊仔看起來凶神惡煞，他到底是什麼出身啊？」

楊仔輕描淡寫地說：「他喔，從小就被管訓到大，最近才從監獄裡放出來，算起來已經殺了十幾個人囉。」我望向老闆，他也點頭說：「沒錯，因爲他的資格最老，所以他當賭場老大。不過這種打打殺殺的事，小孩子不用知道太多。」

幾個月後，有一位流氓來贖回先前當在店裡的玉鐲，卻發現上頭竟多了一條裂痕，便藉故找了幾個小弟作勢要砸店。老闆出面跟他談判，對方獅子大開口勒索五萬元，指定隔天取款，否則後果自行負責，說完便大搖大擺地走了。

經理問老闆：「是不是該報警呢？」老闆到底是見過世面的，他說：「報警也沒用，他手下的小弟這麼多，就算報警處理，隔幾天還不是照樣上門騷擾。這種事情要找闊仔出面才行。」於是要我跟大師兄去大理街一趟。

我們在廟埕等了又等，周圍的賭客和香客川流不息，每個人看起來奇形怪狀。約莫一個小時之後，巷子口走進來二十幾個人，分不清誰是誰，只聽到大家衝著領頭的廖董直喊：「大仔！」我們趕緊上前說明來意，廖董點點頭說：「好，我明天下午過去。」說完便前呼後擁地走進廟門，頗有《水滸傳》裡李逵*的氣勢。

隔天，鬧事的流氓果真帶了二十多個拎著傢伙的小弟準時出現，一群人踹著櫃檯叫囂，硬是要老闆拿錢出來。我們躲在櫃檯後面不知所措，老闆左等右等就是等不到闊仔，急得就要準備打電話報警了。

此時一輛黑頭車突然殺到了店門口，廖董兩手空空地下車，只帶著一個小弟，在門口威凜凜地暴吼了一聲：「衝三小！」僅僅這一句話，就讓店裡那一票氣燄高張的嘍囉嚇得紛紛收起傢伙，廖董衝著領頭的流氓問：「你來幹嘛？」

「這間當舖——」話還沒講完，他就被廖董一巴掌打倒在地，二十幾個小弟見狀也跟著一哄而散，地上的流氓更是連滾帶爬逃出店門，連試圖反抗的機會都沒有。當場我

---

*《水滸傳》中的人物，綽號黑旋風，個性豪爽，有正義感，是勇猛魯莽的人物典型。

們幾個學徒和掌櫃嚇得不敢輕舉妄動，只見老闆連忙請廖董到辦公室喝茶，他揚揚手說：「小事情，不用放在心上，最近賭場的生意較忙，比較沒時間跟你聯絡。」

老闆問：「剛剛那一位是混哪邊的？怎麼這麼兇？」

廖董「哼」了一聲說：「誰知道？最近很多新出頭的細漢仔要搶大理街的地盤，我連看都沒看過，要不是跟查某間有關，就是想佔賭場。照這個搶法，過一陣子會出幾條人命！」他一口茶都沒喝，老闆遞上的紅包也不收，坐進黑頭車走了。

我忍不住問老闆怎麼會認識廖董？老闆說：「其實我跟闊仔沒什麼往來，認識的是他的老大。十年前，他的老大爲了搶大理街地盤死於黑道火拼。廖董則憑著一把武士刀就砍死了四個人，之後被抓到綠島管訓。當時他媽媽知道我認識的大人物較多，請我幫忙關照。所以等到他減刑出獄後，闊仔的媽媽便帶著他來道謝，闊仔說：『老闆，我欠你人情。』所以日後只要大理街的賭客缺錢，闊仔都推薦他們來我這裡週轉。」這下子我才恍然大悟，原來每天上門的賭客泰半是廖董答謝老闆的結果，這個黑道大哥雖然狠勁逼人，卻相當重道義。

不過接下來的日子也眞如廖董所言，大理街的日子不再安寧，寶斗里有位老大遭人謀殺，新聞鬧得沸沸揚揚，廖董選擇到南部避風頭，警察多次上門向老闆詢問廖董的下落，老闆總說不知道。隔了幾個月，風聲已過，廖董再次回到台北，卻也讓我第一次目睹刀光血影的砍殺場面。

當時有位客戶贖回一架手提收錄音機，但是擱在櫃檯上忘了拿走，他打電話要求送去大理街，老闆便叫我跑一趟。我一手拎著收錄音機，一手扶著腳踏車龍頭，正要轉進大理街，只見一群人滿臉驚恐地朝外頭狂奔，衝撞中我失去平衡摔倒在地。

我原以爲是警察要來抓賭，等我拍拍灰塵爬起身來，巷子深處又衝出了七、八個人，有人連鞋子也沒穿，一跛一跛地死命往外逃，每人身上更是暈滿了大片血跡，而在他們後頭追趕的是一個高大的身影，定眼一看，這不是廖董是誰呢？

他手中揮著亮晃晃的武士刀，身上的血如泉水般噴湧，五官彷彿被一層赤紅的面具所覆蓋，兇狠的眼神除了殺意再沒別的。前面七、八個人的圍攻竟然反被廖董一人殺退，我回過神想到萬一被誤砍，小命可不保，於是趕緊滾到路邊一台烤地瓜攤車的後面，壓著身子直打哆嗦。

廖董的身影從地瓜攤車前閃過，後頭的手下也跟著衝了過去，追趕的喊聲愈來愈遠，不知過了多久，浴血的廖董才又帶著一群手下搖搖晃晃地走回巷子。此時客人的收錄音機也早不知掉落何方，可是我已經沒有心思找出來，只知道撐起腳踏車，拚命地騎回當舖。

隔天各大報紙都用斗大的標題報導這次的火拼，廖董以寡擊眾，兩死十幾傷，他自己也受了重傷。上門查贓的警察聊起這件案子，斷言廖董一定會送外島管訓，老闆看了報紙便交代我們說：「這群流氓成天打打殺殺，狗改不了吃屎，如果闊仔的媽媽又找上門，就說我不在。」從此之後，我再也沒有聽到廖董的消息。

直到我退伍之後，在吉林路開業了五、六年時，有一回到熟識的理髮廳剪頭髮，從鏡子裡瞄到鄰座閉目享受理髮的客人，我發現他兩手臂滿是刺青，很有日本浪人的味道，瞧著瞧著有點面熟。等到理髮師停手，他付了錢，出門上了一輛久候多時的計程車，我順勢看向前座，發現司機長得好像楊仔，那麼剛才坐我旁邊的難道是廖董嗎？於是我問理髮師：「剛剛那一位是不是闊仔？」

「不知道，只知道姓廖。」

我果然沒認錯人，「是啊！他不是都在大理街嗎？怎麼會在這裡剃頭？」

「他以前在哪裡我不知道啦，不過他現在在長春路開了一間茶莊。」

正巧當天有位警察找我問事情，我順便打聽：「聽說長春路有一家新開的茶莊，老闆姓廖，你們知道嗎？」

「怎麼可能不知道？他是以前赫赫有名的大哥闊仔，才剛放出來沒多久。」

「我知道，可是他的地盤不是在大理街嗎？」

「現在大理街已經換老大了，只是不知道闊仔現在打著什麼主意，最近常常有些不三不四的人在他的店裡出入，上頭要我們特別留意。」

沒想到才隔沒幾天，楊仔居然就推開了我的店門，表明要當一只勞力士金錶。我沒多說話，但他隔著櫃檯看了我一眼，竟也皺著眉頭問：「老闆，你以前是不是在當舖當過學徒？」

沒想到他居然認得我：「是啊，我也記得你是楊仔。」

「哈，你還記得我啊！對了，這只錶是我老闆叫我來當的，請你幫幫忙。」

我拿出放大鏡仔細地瞧了瞧說：「這只錶有行情喔，你是說闊仔要你來當嗎？」

「是啊！你也記得闊仔啊！我打算當三十萬。」

我搖搖頭說：「三十萬太高了，最多當十五萬。」

「哎呀，你算高一點嘛！」由於我還記得他過去典當的信用不佳，於是一口回絕，楊仔抗議了幾句，見我毫不動搖，也只好摸摸鼻子轉身離去。只是不到二十分鐘的時間，大門又被一個大漢推開，我和店裡的夥計望去，只見闊仔一語不發地站在門口。他渾身散發出長年在暴力世界打滾所養成的壓迫感，鎮得在場的所有人動也不敢動。他直接朝我的方向走來，劈頭就問：「你是老闆嗎？」

我吞了口口水說：「是。」

闊仔揚手拿出方才那只勞力士：「這只錶可以幫忙嗎？」

「我跟楊仔說了，可以當十五萬。」

「不夠，我現在缺二十五萬，看你要不要幫忙。」

「這……這有點困難。」我爲難地說。

「不要跟我說什麼有困難，要不要？一句話。」

我看著闊仔的雙眼，想起了小時候躲在攤車後目睹他萬夫莫敵的狠勁，即使時至今日，每回想起仍會心驚膽跳。我跟不少黑道人物打過交道，但是這種氣勢我從沒見過第二個，因此也讓我決定打破規矩，我點點頭說：「一句話，借您。」

「好，我叫楊仔來拿。」闊仔把錶往櫃檯一放，一句話也沒多說轉頭就走了。他一離開，店裡所有人不約而同鬆了口氣，我慢慢地寫好當票，連同現金交給後來上門的楊仔。

不到半個月後，闊仔再次上門，毫不客氣地問：「喂，你們的利息怎麼算？」

「我們都算三分。」我據實以告。

「嘿嘿，以前你的老闆都算我九分，他賺比較多咧。」看來他今天輕鬆許多。

「沒有啦！現在開當鋪競爭激烈，大家算得比較便宜。」

他從袋子裡取出一疊現金，點好之後又多加了兩張，阿莎力地說：「好，那一天你給我面子，多給你兩千。」

我立刻把兩千元推回去說：「不要、不要，千萬別給。您多給兩千，我可沒辦法記帳。」

闊仔也不囉嗦，收回鈔票，開始跟我聊了起來：「那天我有個兄弟要跑路，我幫他準備路費，只差二十五萬。你如果少給我一塊錢，我就沒辦法了。你不錯，很夠意思。不然這樣，這附近我的兄弟很多，如果遇到事情，你報我的名字就沒事。不過，最近我不在，要回去艋舺一趟。」

聽他這麼說，我猜即使在這一帶混得再好，闊仔還是打算回到自己的老巢，收復過去的地盤。臨走之前他問：「你的老闆還在嗎？」

「他退休了，現在在美國。」

「你和你的老闆都對我不錯，算我欠你們兩個人情。」說完便走了。

這是我最後一次見到闊仔，過了不到半年，我聽說他在大理街被人開槍暗殺。雖然他在道上赫赫有名，可惜過去發跡的大理街已是其他人的地盤，或許是新一代的角頭擔心他的威脅，便找個機會讓他消失。

不過，闊仔的餘威仍然持續發酵，畢竟他從十幾歲管訓到三、四十歲，江湖輩分極高，許多在中山區開賭場或酒家的流氓都稱他大哥，而長春路的茶行最後也留給了楊仔。黑白兩道也都曉得楊仔幫闊仔管帳，因此對楊仔還是敬畏三分。最特別的是，因爲闊仔曾交代手下要罩著我，所以也讓大家誤以爲我是他的手下，因此有些混混在路上遠遠看見我，便認眞地喊著：「大哥！」讓我哭笑不得，這身老虎皮都不知道怎麼穿上的，想脫也脫不掉。

仔細回想，我和他的緣分始於一場流當品到期的糾紛，甚至日後他幫我老闆出頭、喋血大理街等事由，都是充滿暴力與糾紛的場面，雖然打過幾次照面，但根本稱不上認識。直到他來我店裡的一、兩個小時，兩人才有眞正的接觸。

日後我回想闊仔的言行舉止，發現他雖然是地位非凡的江湖大哥，但是心直口快、思想單純，與一般心思縝密的權貴人士天差地遠。我們唯一的共同點在於我們都在賭；闊仔經營賭場，每天賭上自己的性命；而我打破自己的規矩多借了十萬，只因賭上他的氣勢，以及他講道義的原則。

今日的黑社會多半以眾凌寡、爲了利益將兄弟吃乾抹淨，毫無格調可言。唯獨闊仔講道義、重原則，彷彿故老相傳日據時代的廖添丁。我所遇過的黑道賭徒不知凡幾，闊仔是唯一值得我懷念的一位大哥。

門簾外的一個啓發

大眾對於黑道的觀感普遍都不佳，但其實即使人人避之唯恐不及的黑道也同樣有所謂格調的差異，有格調的弟兄一樣會使人感到欽佩。格調是爲人基本的原則之一，如果一個人連身爲人基本的原則都做不到的話，即使表面看起來再風光，也都很難使人尊重他。

奸商老謝

代步的是一輛破爛的摩托車，似乎從出廠到現在從沒洗過，即使扔在路邊也沒人想牽走；身上的衣物永遠又舊又破，只比乞丐好一點；兩手不是厚繭就是油汙，活像汽車保養廠超時工作的黑手；而亂糟糟的髮型配上傻乎乎的表情，好像什麼事情都搞不清楚，但其實他可是全台灣最勤奮、也是最奸詐的舊貨商——老謝。

凡是跟他接觸過的人都知道，雖然他的摩托車外表破爛，可是一定按時保養，因此性能極好，因爲這是他賴以維生的重要工具；而一身破舊衣只比流浪漢體面些，但一遇上價格不菲的寶石首飾，他卻可以像魔術師一般，立刻從身上各處暗袋掏出近百萬的現鈔；兩手的汙垢，則是來自長年鎔金的化學藥劑；在不修邊幅的外表下，他其實藏著比誰都精明的腦袋。

老謝的來歷沒人清楚，據說是台北汐止人，小時候沒受過什麼教育，到銀樓當學徒後便學了一手打金子的本事。學成後想開銀樓卻苦無資金，於是只好先拿出一點小資本，到當舖、銀樓收購「廢金」。過去純金的飾物價格太高，因此市場上的金飾多以價格較低廉的K金爲主，有時當舖和銀樓會收到一些陳舊的K金飾品，這些飾品往往是斷裂或破損的K金材質，完全沒有賣相，非得經過融化再鑄才能上架出售，這就是所謂的廢金。而老謝就是專門收購這些汰換的零碎廢金。

每天回家後，老謝就會運用所學的鎔金技術，從不起眼的廢金中提煉出純金轉賣，他靠的就是這項手藝起家。純金有公告牌價，廢金卻是難以評估，而老謝從摸金子練出了好眼力，因此每當老闆拿出一包廢金，他瞅上一眼便能開價，往往能用10K的低價弄到18K的金子。

一般銀樓因爲缺乏老一輩熔金的技術，且不願意做這麼小的生意，所以老謝就獨占了這一本萬利的市場。爲了賺錢，他就像永不休止的勁量兔子，每天騎著摩托車，順著省公路跑遍大大小小的當舖、銀樓。他總是先在北部逛一圈，接著從西邊南下，一路從東部回來，到全台的店家巡迴買賣。如此周而復始，一年總要環島十至二十趟。

第一次見到老謝是在民國六十年左右，當時我只是個小學徒，而他已在汐止開了一間小有規模的銀樓。也由於他長年遊走於各種店家，營業項目便擴大到寶石、手錶、首飾等各項高級精品的買賣，每次來店裡交易，他總會從口袋掏出他的招牌喉糖鐵盒，掀開掉漆生鏽的蓋子，展示裡面熠熠生輝的大小鑽石，張口便問：「老闆，你有沒有鑽石要賣？我出價很高喔。沒有喔？我賣給你如何？很便宜。」

有一回，某位屏東的當鋪同業打電話給我的老闆問：「請問你認不認識一位騎著石橋雄獅一三五機車、專收廢金的老謝？」

老闆說：「認識啊，怎麼了。」

「前兩天他跟我買了一只流當近九成新的戒指，結果今天客人上門要贖回。我知道他一定會去你的店裡，想請你轉告他打通電話給我。」

巧的是，隔天老謝眞的來了，老闆連聲要他回電話到屏東，老謝卻顧左右而言他，擺明了不願意。拗了半天，老闆說：「我已經答應了人家，如果你不打，我不好交代。」

最後老謝只好不情願地撥了通電話，當他聽到對方想把戒指要回去時，立刻就回了一句：「來不及，我已經鎔掉了。」

我聽了心裡便想：「按理說，舊的戒指才有可能鎔掉，但是九成新的戒指鎔掉幹嘛？該不會是個藉口吧？」

老闆也不相信地挖苦：「老謝啊，你應該占了便宜，想隨便找個藉口不還吧？」

他則一臉無辜地說：「沒有啊，我從小在銀樓學的，拿到金子一定要鎔掉，不信你看。」說完伸出烏漆抹黑的雙手，上頭沾滿了鎔金的化學藥劑，理由無懈可擊，當時我便覺得他一定不是個簡單的人物。

老謝從來不留聯絡電話給人，好處是買賣銀貨兩訖，從不囉嗦。不過壞處是，只要他一佔了便宜，往往兩、三個月見不著個人影，沒人找得到；但要是他吃了虧，卻能隨時回頭上門理論，所以私底下大家都公認他是「奸商老謝」。等到我自己開業後，老謝也常來收購流當品，這省下我跟銀樓、錶店打交道的時間。

有一回，剛好有位客人上門當鑽石，當時我的經驗尚淺，下不了判斷，正想帶去給銀樓的師傅瞧瞧時，一旁的老謝便自告奮勇說要幫忙鑑定，鑑定完後更拍胸脯保證眞的。我看他信誓旦旦，便放心開了當票。事後，他跟我提起延平北路一帶的珠寶商及銀樓他都很熟，要鑑定或買賣他都可以搞定，這段話老謝倒沒有誇大其詞，日後我曾拜託他找一家鑽石商學鑽石分類，他也果眞立刻就使命必達。

隨著跟老謝的交情愈來愈好，我心想：「原來他人不壞啊，我以前錯怪他了。」不過等到再跟他更熟絡一點後，才發現老謝做人果眞老謀深算。

有一回，我首次遇到客人來當三克拉的藍寶石，因爲當時對藍寶石一知半解，只得商請銀樓的師傅幫忙估價，師傅認定值五萬元，我便付錢給客戶。結果期限到了，客人沒來贖，剛好老謝上門，我隨手拿出來讓他瞧瞧，他劈頭就問：「你當多少錢？」

「五萬塊啊。」我坦白地說。

「好，我出六萬，賣不賣？」

我心想賺一萬元也不錯，便完成了交易。怎知老謝剛走不到半小時，下一位推門進來的正是藍寶石的物主，開口就要贖當。雖然當物到期之後，物權由當舖取得，但若能讓客人贖回的話，便很可能成爲回頭客，否則就再也不會上門。爲了留住客戶，我急忙解釋：「眞是不巧，您的藍寶石剛剛才被買走，您看，椅子都還是熱的。不過您別急，我立刻出門把他找回來。」

語畢我便趕緊跨上機車，循著老謝平常會去的當舖路線依序尋找，飆到第二家當舖後，一進門我就問老闆：「老謝有來嗎？」老闆回：「剛離開。」再趕到第三家，老闆則說：「老謝今天沒來。」一連跑了好多家，大家都說沒看到他的人影，最後沒辦法，我只得回到店裡向客人雙手一攤。

客人頗有微詞，不過一切按規定辦理，他只能作罷，離開時不忘嘟囔幾句。接下來的日子，老謝彷彿人間蒸發似的，直到一個月後，我到老謝介紹的珠寶店聊天，老闆邊喝茶邊說：「你有沒有聽說老謝發了一小筆財？上一次他只用了六萬塊就買到一顆藍寶石，結果轉手賣給我們隔壁的珠寶店。你猜人家開價多少？二十幾萬！」我聽了一陣暈眩，馬上到隔壁問個分明，那位老闆也爽快地承認，我心想：「老謝這個奸商，知道自己占了便宜，所以刻意躲著我！」

等到老謝終於現身，已經是一個多月之後的事，我不動聲色地問：「老謝，客人要贖回上次那顆藍寶石，是不是可以拿回來？」

「來不及了，已經賣了。」

「賣掉可以找回來啊！」

他聳聳肩說：「沒辦法，當初賣給一個日本人，他早就回國了。」

眼看他隨口撒謊，又想到他大賺了一筆，實在讓我很不開心，於是便開門見山地說：「別胡扯了，什麼日本人？我連買主是誰都知道！當初你猜到我會找你，所以故意搞失蹤。現在我的客人想要贖回，你能不能幫忙向珠寶店買回來？」

「哎呀！幹我們這一行的行規就是賣了不能反悔，以前我跟你老闆做生意就是如此啊。」任憑我好說歹說，他依舊百般推辭，而且接下來的一個月再度消失。雖然我對客人感到十分抱歉，但是只能不了了之。

一年多後，有次老謝看上我櫃檯裡一只漂亮的勞力士手錶，拿在手上反覆把玩，最後出價十二萬。若是原裝進口的眞錶，價格可上看十五萬，偏偏這只是一只作工精細的港殼錶（香港製高仿K金錶），市價根本不到七萬。我不願意坑他，只是淡淡地說：「買錶你是外行，我勸你不要買，否則會吃虧喔。」哪知道他會錯意，以爲我嫌價格太低，連忙說：「我怎麼不懂錶？不然再加五千！」

此時我想到上回藍寶石的往事，起了扳回一城的念頭，於是攏手說：「不行，至少十五萬。你把錶還我，我要賣給別人。」
果然他不肯放棄，開始東拉西扯說過去讓我賺了多少錢云云，最後耍狠地說：「一句話，十三萬啦！」
我搖了搖頭：「老謝，你根本不懂錶，怎麼敢出這個價錢？還是算了吧。」但他還是死抓著錶不放，堅持要買，最後我們以十三萬成交，他開開心心地跨上摩托車走了。
不到三十分鐘，老謝氣沖沖地跑回來，把錶往櫃檯上一扔，氣急敗壞地罵道：「你騙我！這不是原裝的，最多只值七萬，我不買了，退錢！」
我慢條斯理地說：「拜託，誰騙你了？剛剛可是你自己一頭熱，反而我一直阻止你不要亂買，可是你堅持自己很懂，一口氣喊到十三萬，不賣還不行。現在你要退錢，這可不合理。」
「哪裡不合理？你賣的是假貨。」
我笑嘻嘻地說：「我從來沒說是真的，而且上回可是你告訴我，賣了不能退，這可是行規喔。」
雖然老謝自知理虧，他卻開始耍賴：「我不管，你不退我錢，我就不走。」
說完就一屁股坐在營業廳的椅子上，而且大動苦肉計，不但不吃東西，連問要不要喝水，他都斷然拒絕：「不用！要是你不退錢，我就算死也要死在這裡。」我看了暗自好笑，也不理睬他。

可是老謝這一坐竟然從下午兩點撐到晚上十二點，眼看要打烊了，他還是氣嘟嘟地堅持不走。這時我太太忍不住勸我：「別再整他了，萬一他眞的有個三長兩短，我們可賠不起。」

但我可不想這麼輕易放過他，便說：「你講點道理行不行？你是內行的舊貨商，所謂的行規也是你說的，我當然不能退。不如這樣吧，我把錶收起來，你先回家，等我一覺醒來開心了，明天退你錢，這樣好不好？」

不過他老兄仍是絲毫不肯退讓，僵持了半天，我只好自認倒楣地掏出錢說：「老謝，你眞是個奸商，你說的話全是行規，我照著做反而理虧。你以後不要來，我這輩子再也不要跟你做生意了。」老謝眼見抗議成功，一把抽走鈔票，開開心地跳上摩托車，「轟」的一聲催油門跑了。

只是過沒幾天，他還是嘻皮笑臉地來了。我堅持不讓他進門，不過老謝臉皮特別厚，照三餐來報到，拚命插科打諢，久而久之我的氣也消了，我正色地說：「這次原諒你，但是下不爲例，否則我把你列入拒絕往來戶。」老謝連忙鞠躬哈腰，這件事也就算了。

又過了半年多，我手邊有兩包裸鑽（未鑲台之鑽石）流當，一包是各重約五十分大小，共有二十顆，另一包是各重約七十分的總計十二顆。老謝對這兩包興致十足，我告訴他：「五十分的價錢可以談，七十分的不賣，不過可以先借你瞧瞧。」

我一面忙著照顧其他顧客，一面找空檔跟他談價錢，前後花了三個多小時，總算以五十萬成交二十顆五十分的鑽石。老謝迅速地從衣服各個夾層裡掏出鈔票交給我，把鑽石往懷裡一塞，一溜煙地跑出門。

我隔著門，聽到他催油門的速度特別快，跟上次買藍寶石的狀況十分相似，心中浮現不祥的預感，可是實在想不出來哪裡出問題，店裡的夥計也搖頭說看不出來。當晚入夢之前，我躺在床上反覆琢磨，爲什麼他跑得那麼快呢？直到隔天早上，一個恐怖的念頭竄入腦海，立刻逼走了所有瞌睡蟲，我用最快的速度衝到店裡的庫房，倒出前一天沒脫手的十二顆七十分鑽石，光用肉眼一看便知，鑽石堆中有兩顆特別小，再用儀器一量，正是五十分！

好個老謝，竟然在我眼皮底下，偷拿五十分的小鑽調包七十分的大鑽，這兩顆一來一往差價便是四萬元，難怪他溜得飛快！我氣得差點破口大罵，而老謝依照慣例，又是一個月不見人影。

等到他自覺風頭已過，才又一副無事人似的，開開心心地再次上門，我冷冷地質問：「有兩顆七十分的鑽石被你拿走了吧？」

老謝當然矢口否認，我拿出那袋鑽石說：「你看，是不是有兩顆特別小？你自己摸著良心說，當初你看貨的時候，裡頭有五十分的嗎？要不要檢查你買的五十分鑽石裡，有沒有兩顆比較大的？」

眼看詭計被識破，他也不著急，隨口推說全部賣掉了，無從查起。我狠狠地瞪著他說：「好，算你厲害。你根本是騙術之王，算了，從今天起，我跟你絕交。」

怎知他聽了居然討饒地說：「不要生氣嘛！不然另外十二顆一起賣給我，我出高一點，你損失會比較少。」

「這是什麼話？我的損失都是你造成的，我絕不賣給你，滾！」這一鬧又是好幾個小時，最後還是我跟夥計硬把他推出門。

隔天早上八點，老謝又出現了，我當著他的面說：「你太陰險了，我一定要賣給別人。」

說完我便直奔延平北路的珠寶店，沒想到一口氣跑了三家，每個老闆竟個個都面露難色，他們謹慎地問：「秦先生，老謝提過你手上有批鑽石成色不好，是不是這一批？」我沒想到老謝還能想出這種陰招！不過對方是專家，仔細鑑定便知眞假，但是寶石買賣有個規矩，同樣大小的，數量愈多愈吃香，他們只願購買十顆七十分的，兩顆五十分的始終喊不到好價錢。

老謝算準兩顆小的不好處理，才過了午飯時間就跑來講價，他的磨功一流，從一點纏到八點，到後來我實在累了，心想這件不愉快的事最好趕緊解決，省得心煩。原本一顆五十分的可以賣到兩萬五，不過我只剩兩顆，談判籌碼變少，最後的成交價格共四萬，等於我再虧一萬。回家之後，一想到跟老謝交手三次全吃敗仗，我便氣得暗自賭咒：「如果再跟老謝做生意，我秦某人就是小狗！」

又隔了一個禮拜，老謝又登門了。我不耐煩地擺擺手說：「別進來，我不跟你做生意。」

「別這樣嘛，借個廁所可以吧？」

「在後面，上完廁所趕快走。」沒想到這只是他的緩兵之計，才上完廁所，他立刻賴在營業廳的椅子上不走。這一天生意特別忙，我根本沒時間理他，只能逮到空檔罵一罵他。老謝倒也不惱，繼續討饒賠不是，罵到後來，我自己都忍不住笑了，還能怎麼辦？只好再一次原諒他。

又過了一段時間，這天，客人來當一顆據說非常珍貴的金玉貓眼石，開價二十萬，那時我還搞不懂什麼貓眼石，正好老謝來，我趕緊把他抓過來，問他這顆貓眼石值不值二十萬？他看一眼說當三十萬也行。原本我還有點懷疑，聽他掛保證後，立刻當了二十五萬。從那一天起，老謝三不五時就上門來問：「貓眼石流當了沒？」

「拜託，還不到一個月流什麼當？」
「我不管，流當了一定要賣給我，不然我翻臉。」
「翻什麼臉？當鋪是我開的還是你開的？沒事快點走啦。」
結果三個月一到，客人真的沒來贖，終於讓老謝等到了，他興奮地準備掏出鈔票，不過這次我學聰明了，隨口騙他貓眼石交給某位珠寶商估價，老謝立刻暴跳如雷，我淡淡地說：「別著急，不然你開個價吧。」
「三十萬。」
「你缺不缺德啊？當初你說可以當三十萬，結果流當了，你還只出三十萬，要我喝西北風嗎？」
「這……不然三十二萬！」
我嗤之以鼻說：「還眞大方咧，你就慢慢等吧。」
無論老謝怎麼說，我還是堅守底線，結果他氣得跑去找一間珠寶店的老闆投訴，我聽了暗自好笑：「賣不賣是我的事，跟誰講都沒用啊。」
沒想到這位老闆竟自己跑上門，表示對貓眼石十分好奇，希望能瞧一瞧。他一看便說：「咦？這顆貓眼石我見過。前陣子一個日本人帶著上門，原本要賣給我，當時老謝也在。不知爲什麼，後來日本人反悔，老謝也不見了。怎麼會在你這裡出現？是誰來當的呢？」基於保護客人的隱私，我不能告訴他誰來當。但是既然老謝出現過，其中必有蹊蹺。

隔天老謝又來了，我帶他進到辦公室，關起門問：「到底這顆貓眼石是從哪裡來的？只要你跟我講實話，這顆我賣給你；如果不說，出價再高我也不賣。」

他抓耳撓腮支吾了半天，終於說出眞相：「哎呀！那一天我正巧碰上日本人要賣貓眼石，靈機一動，悄悄告訴他我能介紹另一家出價更高的店。接著我便把他帶到朋友開的珠寶店，我偷偷跟朋友說好，由他出十五萬買下，我另收五萬元佣金，朋友等於花二十萬。然後他再拿著貓眼石到你這裡來當，我會適時出現，慫恿讓你出到三十萬。這樣一來，等於我自己賺五萬，我朋友可以賺十萬。」

「什麼？你居然到別人的店裡搶客人？還連我也算計進去？」

「哎呀，做生意哪有分親戚朋友啦，有錢賺最重要！」

「你老實告訴我，這顆貓眼石你能出多少？賣出去又能賣多少？」

「三十五萬，轉手賣四十萬，我還能再賺五萬！」

他得意洋洋地說完自己的連環計，順便欣賞我驚訝的表情，這一切彷彿再自然不過，而且每個人的反應都在他的算計之中，簡直是諸葛亮再世。我愣了半晌說：「老謝，我再也不要跟你做朋友了。」他以為我又要說從此再不跟他交易，因此也開始使出磨功，但沒想到我接著說：「相反的，我要拜你爲師，從你身上學本事，以後歡迎你常來。」於是我們握手言和。

此後，老謝時常上門來，除了做生意之外，還告訴我不少商場上奸詐滑頭的手腕，我一方面當成故事聽得津津有味，一方面增廣見聞，以免日後上當受騙。我們兩人感情好的時候跟師徒一樣，翻臉的時候又跟仇人並無二致。

有一回他隨口提起，名下的財產已上看十位數，房地產更是超過二十筆。按理說，他早就可以回家享福，可是他畢生最大的興趣就是賺錢，猶如一隻永遠向前進的螞蟻，不斷搜刮戰利品，搬回巢裡堆好之後，繼續出門工作，日復一日，即使過年也不休息。

五年前，老謝最後一次來到我店裡，那時他已是一位八十四歲的中風老人，但腦袋依舊十分清醒，只是行動不太方便。當兒子攙扶著他顫巍巍地推門進來，我趕緊上前迎接，又驚又喜地說：「老謝，你大老遠跑來看我，眞是不好意思啊！」

誰知他一屁股坐在椅子上，連寒暄都沒有，就開口說：「不是啦，我是來做生意！」說完便忙不迭地指著玻璃櫃裡好幾件首飾興奮地問：「這個賣我好不好？還有，那個也可以賣我啊。」

我聽了簡直呆住，但隨即又露出微笑，老謝果然是老謝，即使年事已高仍舊不改本性。他是我生命裡的一個傳奇人物，不僅讓我開了眼界，也是衷心佩服的前輩。

門簾外的一個啓發

因爲從事當舖業的關係，所以我有幸可以比一般人更有機會接觸到許多形形色色的人，更快從其中領悟出一些道理。就像是老謝，雖然他總愛耍一些小奸詐，但換個方向思考，他卻也讓我看到一個人努力的不懈，最後終至成功。一個人只要下定決心，專心一志去做一件事，做到精、想到透，即使不成功，也是八九不離十了。

賣菜義

雲林縣算是台灣比較早開發的地方，早在清朝之時，大陸東南沿海的居民爲求生存，因此往往會選擇偷渡來台，而雲林就是他們首要的落腳地之一。

只不過在當時當地不僅地貧人窮，而且天氣炎熱，工作機會也較少，因此結黨結派走偏門的風氣也就跟著較爲盛行。在這其中，又屬台西鄉因爲廟宇林立，所以呼朋引伴的風氣更盛，久而久之便成了江湖味的發源地，許多道上赫赫有名的角頭都出身台西，形成特殊的七逃人文化。

我剛好有一位名喚「賣菜義」的朋友，是台西溪頂人，家中經營的是蔬菜批發生意。他的父親每天在凌晨兩、三點時，便會開著卡車在天亮前到台北環河南路的中央市場發賣蔬菜，然後再趕回台西，生活過得忙碌而踏實。只是賣菜義從小不愛念書，成天與一些角頭兄弟鬼混，爲了避免孩子走上歪路，所以他的父親便毅然決定將全家遷往台北，不過依然經營蔬菜生意。

而等到賣菜義年紀漸長之後，也順理成章地開始幫父兄賣菜，不過兩代之間時常鬧意見不合，賣菜義一氣之下便開始到外面鬼混。也因爲他重義氣，自然就結交了不少三教九流的朋友，而就在某一回他在賭場跟賭客起了糾紛，警察到現場處理時，竟在賣菜義身上搜出了武器，於是被提報流氓，送至岩灣監獄管訓。

當年許多被提報流氓的人，原先並非窮凶極惡之輩，只是到了岩灣受訓之後，開始與其他道上兄弟互通有無，漸漸也才成了眞正的黑道。而賣菜義在出獄之後，與父親的關係更加惡化，甚至在一氣之下被逐出家門，不過賣菜義可不擔心，既然已經經過「岩灣大學」的進修，道上的輩分自然提升許多，因此索性就在中原街開了一間小茶莊。

那時候所謂的「茶行」，裡頭並沒有什麼茶葉可賣，實際的功能是黑道聯絡站，專供各路兄弟泡茶喬事情，舉凡酒店泊車、電動玩具店的插旗與大大小小的地盤分割等，都在這間小小的茶莊完成。偶爾賣菜義也喜歡賭一把消遣，輸了錢便來我店裡當手錶週轉，幾次相處下來更發現他不僅爲人豪邁，而且與黑白兩道都相當交好。有幾回我跟他一起喝酒聊天，我自恃酒量很好，但幾次交手後發現他的酒量也不淺，大家愈喝愈投機，最後就逐漸成了朋友。

賣菜義與一般七逃人最大的不同在於是非分明。有一回，一位以前跟著他的兄弟欠了一筆賭債，債主上門追討，於是這位兄弟便跑去找賣菜義，希望他能幫忙出頭說項。沒想到賣菜義竟然斷然拒絕地說：「既然出來混，敢賭就要認。」接著對方竟開始扯到以前的情義，礙於情分，於是賣菜義只好說：「我要是有錢就幫你還，不過我身上沒錢，不然我們找當舖試試看。」

語畢兩個人便立刻到我店裡，張口就要借五十萬。我聽了啼笑皆非地說：「我不能平白無故借出五十萬啊。」此時賣菜義二話不說，拔下手錶，當場當了十萬元，交給兄弟之前還正色地說：「一定要還啊。」我很佩服他的正義感，即使說話很有分量，但是絕對不會因爲兄弟之情而恃強凌弱。

雖然事業做得有聲有色，可是他的感情生活卻不太順遂，當年有位家住新生北路的富家女阿芝出人意料地喜歡上其貌不揚的賣菜義，兩人已經論及婚嫁，只是女方家長十分反對黑道背景濃厚的賣菜義，甚至動用關係，請警察三天兩頭「關切」賣菜義，要他死了這條心，此舉更是讓賣菜義心生不滿。

有次喝酒時，同席的朋友問到他跟大小姐阿芝之間發展得如何？賣菜義氣呼呼地說：「我根本不希罕什麼千金大小姐，我們已經分手了！那些警察吃飽沒事幹，我幹哪一行跟他們有什麼關係？」

大家見他心情不好，頻頻勸酒，沒一會工夫，大家紛紛喝醉，此時賣菜義才吐露心中眞正的想法。他說，其實自己很心動，只是在道上混了太久，實在不希望耽誤阿芝的大好青春。過沒多久，就聽說阿芝因爲情路難走，試圖尋短，日後更聽到賣菜義與她一起私奔的消息。這一晃眼就是兩、三年的時間，期間我始終都沒有他的消息。

一直到我擔任當舖公會的理事長之後，有一回朋友請我到環河南路的餐廳吃飯，剛進去就聽見有個人叫我，我回頭一看，竟是久未謀面的賣菜義。我開心地直問：「你怎麼會在這裡？」

「哈，我現在就住在環南市場附近。」

「之前聽說你把別人家的女兒拐跑啦。」

「拜託，我一直拒絕，但是她堅持要跟我，我有什麼辦法？」

「最近過得如何？」

「我回到市場賣菜了。」

之後我們互留了聯絡方式，約好有空喝一杯敘舊，臨走之前賣菜義還豪邁地說：「如果當舖公會出了什麼事，打電話給我。」

「怎麼可能出事呢？」我一笑置之。

無巧不成書，有一天，我正在公會辦公，雖然公會裡設有理事長專屬辦公室，不過因爲我總覺得太過官僚，所以還是習慣與幹事們同坐在一起辦公。此時，突然門口傳來陣陣敲門聲，我心裡琢磨，若是公會的會員都習慣按電鈴，但是敲門聲又急又兇，一聽就知道來意不善。才正在納悶是不是來催繳水電費的，幹事小姐便開了門，只見一胖一瘦的兩人組就闖了進來，滿臉暴戾之氣，一看便知絕非善類。

問他們有何貴幹？兩人也不搭腔，兩雙眼睛東看西看，我又問了一次：「你們到底要幹嘛？」

「我們找理事長。」

他們這麼一說，表示根本就不認識我。既然如此，我便不用急著表明身分，先試探來意比較重要，於是我推說：「理事長不在，兩位先坐下來喝杯茶。」說完邀請他們在沙發區坐下，不過瘦子還不放心，逕自走到理事長辦公室裡，確認裡面沒有人，才老大不情願地坐下。

我邊泡茶邊問：「你找理事長有什麼事情呢？」

胖子撇撇嘴說：「沒有什麼事，你打電話叫他回來。」

「但是理事長不在台北。」

「我們沒時間等，你現在打電話給他。」

我搖手說：「不可能啦，理事長在開會，沒辦法接手機。」

胖子一聽就火了，張嘴罵咧咧地講了一大串，意思是他們兩人是台西鄉黑松老大的手下，剛揹上一條命案，現在要跑路到花蓮避避風頭，出發時黑松老大要他們到台北找當舖公會的理事長拿跑路費，一開口就要二十萬云云。

我心想自己從來不認識什麼黑松老大，而且也沒有錢給他們，於是接著就說：「不好意思，理事長不在，我們幫不上忙。」

此時在一旁的瘦子聽了，慢條斯理地掏出一把手槍，拿塊破布裝模作樣地擦拭起來。我當兵時摸過各種槍枝，一看他拉開滑膛，便認出是土製手槍，裡頭裝的卻是貨真價實的子彈，意思是今天沒有拿到錢，這兩位是不會走的。雖然我遇過不少驚險場面，但是亮出手搶的還是頭一次遇到，我嚇得不敢亂動，旁邊的幹事也不敢報警。

這時胖子又說話了：「今天先拿二十萬，明天我們再來收三十萬，快一點！」幾個幹事聽了，把我拉到一旁小聲地說：「我們幾個身上湊一湊總有幾萬塊，不如全給他們，當作送瘟神。」可是今天送走了，明天他們食髓知味，肯定獅子大開口，於是我想了想說：「你們都不要講話，交給我來處理。」

轉過頭，我強作鎮定地問一胖一瘦兩人組：「你們是台西哪邊的？」

「溪頂。」

我突然想起賣菜義出身台西溪頂，於是接著問：「你們認不認識一位叫賣菜義的？」

「沒聽過啦！」

「沒聽過？我們理事長就是賣菜義，他也是台西出身。」

兩人對望一眼，遲疑了兩秒，胖子不耐煩地吼著：「不管啦！今天有多少就拿多少。」

我感覺事有蹊蹺，於是祭出緩兵之計：「你們稍等，我打給理事長，讓他直接跟你們聊。」

我趕緊打給賣菜義，一接通便問：「賣菜義，你有沒有空？」

「有啊。」

「你有兩個台西的同鄉跑路到公會，說要找你拿錢。」

「什麼？找我拿錢？我沒找他們拿錢就不錯了！怎麼可能？」他氣急敗壞地說。

「他們和你都是溪頂出身，不然你自己跟他們說。」

「好啊，我跟他們講。」於是我把話筒遞給胖子。

只聽到話筒裡傳來賣菜義的聲音：「你是什麼人？」

「阿西。」胖子好整以暇地說。

「什麼阿西？我們溪頂哪有叫阿西的？」

「嘸啦，我是說我住溪頂啦。」

雙方講了半天，只聽見賣菜義的聲音愈來愈大，胖子的氣勢卻愈來愈弱，最後賣菜義丟下一句：「好，我馬上來。」胖子把電話遞給我，我問：「現在怎樣？」

「叫他們別跑，我馬上到。」說完賣菜義便掛上電話。

此時反觀胖瘦二人組似乎感覺場面撐不下去，瘦子倉促地收起手槍，扔下一句：「好啦，我明天再來！」便起身要走。

我們當然是不會攔住他們，於是順水推舟地說：「好，歡迎明天再來。不過，如果理事長回來該怎麼跟他說？」

「叫他明天把錢準備好！」胖子嘴硬地說，接著兩個人便灰溜溜地從樓梯跑走了。

不到二十分鐘，賣菜義果真出現了，還帶上七、八個大漢，一進門劈頭就問：「人咧？人咧？」

「一聽到你要來，兩個都跑了。」我笑著說。

「喔，我就知道這兩個一定是到處騙人的俗辣，還敢打著黑松的旗號。拜託，黑松在我們雲林縣非常有名，但是絕對不是這種騙錢的角色。」賣菜義忿忿地說。

「可是他們說明天還要來，那我們該怎麼辦？」

「沒關係，明天我來坐鎮。」

隔天，我們兩個一早就在公會守株待兔，只是從高山茶喝到高粱酒，始終不見兩位狠角色的身影。我和賣菜義兩人沒事幹，喝著喝著我便好奇地問：「阿義，你怎麼會回去環南市場賣菜？」

「哈，當年我太太堅持要嫁給我，可是她爸爸看不起我，說什麼都不同意。後來我太太被逼得要跳樓，她爸爸拗不過，只好找我去聊聊。他問我：『你有什麼專長？』我總不能說賣兄弟茶，這樣一定被打槍。所以硬著頭皮說：『我是賣菜的。』他說：『賣菜也是個正當事業，可是你爲什麼現在在賣茶？到底是賣菜還是賣茶？』我只好說：『批發菜要本錢，所以我一邊賣茶，一邊籌錢。』

「說到這裡，那時還不是我岳父的岳父聽了，直接就拿出一筆錢支持我賣菜。於是我跟太太結婚後，就回到了環南市場。可是我老爸一聽說我開始賣菜，只要遇到人調侃我：『阿義要是賣得起來，狗屎都能吃！』所以我把他當成最大的對手，沒多久就賣得比他好，現在我爸爸氣到收山，把賣菜的生意交給我哥啦。」

「哈哈哈，不過，你長得也不是特別帥，你太太到底喜歡你哪一點？爲什麼她一定要跟著你？」我也調侃他。

賣菜義抓抓頭說：「我太太生長在重男輕女的家族裡，從小不被長輩重視，剛好我比較大男人、比較會保護小女生，所以剛認識沒多久，她竟然主動跑到我的茶莊當會計，甚至說不付薪水也無所謂。我那時沒考慮太多，只是覺得既然不用花錢，幹嘛不用？沒想到她喜歡我。」

我們在公會聊了一個下午，慢慢也發現了賣菜義的成功之處，他雖然沒有什麼學歷，但是爲人爽直、說一不二的個性，最能贏得顧客的心；而且市場攤販的大小糾紛，都會找他排解，儼然成爲環南市場的意見領袖。甚至昨天帶上門來的七、八個大漢，都是在菜市場做生意的夥伴，可以想見他多麼受到愛戴、生意又如何火熱。

我們聊著、聊著，突然來了通電話，竟是相熟的台北市刑警大隊的大隊長打來。原來風聲傳得飛快，不到一天，警方也得到消息了。大隊長在電話那頭說：「理事長，聽說有人拿槍去恐嚇你？你趕緊來我們大隊做個筆錄。」我從善如流前往警局，如實地描述：「一胖一瘦、一高一矮、拿一把槍。」

「什麼槍？」

「土製手槍。」

「你怎麼知道是土製手槍？」

「拜託，我當兵三年每天都在摸槍，一看就知道是土製手槍啦。」

「好，他們要多少錢？」

「開口要二十萬，還說隔天再補三十萬，總共五十萬。」折騰了半天，筆錄終於做完。承辦的重案組警官千叮嚀萬囑咐；萬一兩個歹徒又上門，我應該怎麼應對、怎麼打電話聯繫警方。我故作認眞地說：「好、好、好，沒問題。」其實心裡想著：「最好不要再來了，否則我還得再做一次筆錄。」

大概過了三個月左右，市刑大再次來電：「理事長，案子破了。」

「什麼案子破了？」我完全想不起來。

「上回拿槍勒索你的那兩個人抓到了，請你來指認。」

老實說，我還真不敢去指認，深怕一結仇，以後走在路上都要帶個保鑣，於是我說：「可不可以不要去？」

「萬一大家像你一樣都不敢指認，這案子不就算了嗎？」對方展開道德勸說。

「可是我指認了以後，萬一他出獄就來找我算帳怎麼辦？」

「你放心，我們給你當後台。」

「你們警察局是二十四小時開著沒錯，但是難道要我一天到晚住在警察局裡面嗎？」

警察好說歹說，我終於被說服，不過指認的地點出乎意料：「在馬偕醫院的急診室。」

「怎麼會跑到急診室逮人呢？」

「追捕的時候跑了一個瘦的，壓制了一個胖的，上手銬時他直嚷著警察打人、要去醫院驗傷什麼的，沒辦法，我們還是得送他到醫院。」

到了醫院一看，只見一個大漢被銬在病床上，一看到我就扯著被子蒙著臉，死活不讓我看。警察見狀一面笑著說：「別害羞啦，出來見客啦！」一面把他的脖子扳正。

我仔細一看說：「沒錯，當初來公會勒索的正是這個胖子。」接著我跟警方到了刑警大隊寫筆錄，才寫到一半，瘦子也落網了，見到我頻頻低頭道歉，當初耀武揚威的狠勁蕩然無存。

警方說，這兩個人是慣犯，憑著一把槍，半年之間在萬華區作案超過二十起，每次得款十萬以上，手段大同小異；他們會先翻電話簿找出各行各業的領袖或是地方的聞人，接著佯稱是台西老大的手下，正在籌跑路的路費，兩人一搭一唱，配上手上的手槍，講得煞有其事。而多數人爲了息事寧人，很快便掏出鈔票，但沒消兩天，他們便會再次上門勒索。甚至有一個做鴨肉生意的，連續被勒索了四十幾萬。警方佈線已久，終於將兩人繩之以法。

離開刑警大隊後，我立刻撥了電話給賣菜義：「義仔，那兩個人抓到了。」

他很興奮地說：「好，在公會嗎？我馬上去。」

「不是在公會，是刑警大隊。」他一聽在刑警大隊，連忙打退堂鼓。

稍晚，我請賣菜義吃飯，聊起這件案子，賣菜義罵聲不絕，直說這種勒索老百姓、魚肉鄉民的都是最不入流的小癟三，他根本不放在眼裡。我忍不住問：「義仔，你有沒有想過，萬一你那天衝進公會，他們眞的開槍怎麼辦？」

「嘿、嘿，」賣菜義笑著說：「其實結果只有兩種，一種是他們眞的是黑松的手下，一種是假的；萬一是眞的，他們當然會對我開槍，可是我出門前還先打電話回台西確認這兩個人的背景，如果眞的是在跑路，那我肯定不會去，因爲江湖規矩，光棍不擋人財路，所以不會有開槍的問題。而且重要的是，他們在電話裡講得牛頭不對馬嘴，擺明了是癟三扮的，這下子肯定不會開槍，所以我才敢帶人衝過去啊。」

雖然賣菜義和胖瘦二人均來自台西，而前者更曾被提報流氓，但相較之下，卻是豪氣干雲，行事粗中有細，看似大剌剌的性格中，其實思慮周密，想必是經過一番歷練才能有此結果；反觀另外兩位，雖然不曾進岩灣大學深造，外人看來理當較爲善良，但卻魚肉鄉民、騷擾地方。

一般我們對於黑道或是流氓的理解都是不好的，然而，眞正的善惡往往不如表面所想像。小惡不斷的人，雖然看似較輕微，但往往會殃及更多的無辜。

門簾外的一個啓發

在社會基層有許多草根性十足的領袖，多半屬於像賣菜義這樣的出身，即使沒什麼學歷，依然擁有絕大的影響力。而這些也全都是靠著自身修爲所成就，即便是黑道，也有所謂的品格。世間所謂的大好與大壞，也許也並非表面看起來那麼簡單。

蘇老實

這兩年我常在電視節目中幫來賓鑑定各路古董文物，在主持人的小木槌落下之前，我不但得在短短幾分鐘內判斷眞假，同時還需要進一步估出合理的價錢才行。

很多朋友常常質疑：「哪有這麼神？一定是事先串好的。」事實上，根本沒有機會串好。因爲通常製作單位在錄影前一天才能把待鑑定的物品的照片寄給我，可惜大部分來賓的照相技術都很差，圖案的細節往往不清不楚，所以我只能從器物的形狀先推敲大概的方向。

也因此，我會提前半個小時抵達攝影棚，運用短暫的空檔先將物品分類；珠寶類請我的學生先鑑定，文物類由我仔細端詳。即便是如此準備，但要在三十分鐘內，將近五十樣東西的來龍去脈都一一釐清，仍然有些挑戰，此時，過去的經驗便成了最好的導航儀。

打我進當舖開始，便跟著學富五車的老朝奉學著怎麼鑑定古物，除了在老朝奉身上學到許多知識之外，另一方面其實也是託一位古董商的福。在民國七十八年到九十年之間，當時有許多的古董商活躍於市場上，他們有滿手的稀世奇珍，但是卻難以向銀行借錢，因此只能到當舖週轉；還有人則是買了古董不放心，所以三不五時上門來估價。拜他們所賜，我見識了滿坑滿谷的各路古董，從陶器、漆器、青銅器到紫砂茶壺、字畫、玉石和家具等都瞧了個飽，其中光是紫砂茶壺便看過一千多只，日積月累，觀察力愈磨愈敏銳。

其中，還有一位古董商曾提醒我鑑定文物的四字箴言：「多看，少聽。」意思是多看書、多看實物，少聽江湖郎中天花亂墜地胡說八道。因為上門考試踢館的客戶太多，往來的古董商高達四十幾位，我從單純分辨物件的眞假，再到研究仿冒品的層次，經驗累積多了，鑑定古物的把握自然也愈來愈高。

而回想過去將近十年的考古生涯，最令我印象深刻的其中一位是香港人，姓蘇，他就是教會我四字箴言的人。他於民國八十年左右來台，在台北的後火車站與光華商場一帶經營古董生意。

他的面相方頭大耳，是標準好人的長相，雖然廣東腔比較重，不過講話慢條斯理，一句俏皮話都沒說過。而且口才極好，每回掏出一樣寶物，總能說出一大串稗官野史的典故，聽得每個人點頭稱是，滿心佩服地掏錢買下。因為他實在是忠厚老實，所以最後大家都稱他為「蘇老實」。

起初蘇老實專營壽山石、雞血石與田黃石這一類玉石的買賣，他自己會先從大陸蒐購，再運到台灣銷售。有一回，他很神秘地從包包裡掏出一個兩公分見方、高十公分的雞血石圖章，紅色的部分占全部面積近百分之九十，顏色極爲鮮活，一看便知道價格不菲，他說是專程從大陸帶回來的，花了人民幣十萬元，想要變現。

在當時雞血石並不昂貴，因此我開口出價僅兩萬元，經過他好說歹說，最後以五萬元典當，不久之後他也非常信守承諾的贖了回去。日後他還陸陸續續地當了很多東西，好比說雕工細緻的田黃石，當時田黃石以重量計價，一克要賣到一千塊到兩千塊；而等到市場上風行壽山石的時候，他又會帶上十幾塊壽山石的山子（刻有山水人物等圖案的壽山石）來變現。因爲彼此接觸了好幾回，我覺得他爲人特別誠懇，而且當我向古董界的人打聽時，無人不知蘇老實的名號，大家也都異口同聲地盛讚他從不騙人，因此我們的往來日趨頻繁。

隨著蘇老實的生意蒸蒸日上，典當的石頭也愈來愈多，有一回他一口氣帶著好十幾個雞血石和田黃石印章上門，我瞧著成色並不像過去的那麼好，便出價一個兩萬，他也不囉嗦，數了數鈔票便走了。當時我也沒多想，直到有一天，突然有一個人怒氣沖沖地拿著一枚雞血石圖章和一枚田黃石印章來找我，開門就說：「老闆，這兩個從你店裡贖的印章全是假的！」

我連忙安撫他說：「你先別著急，不可能我自己當給自己，一定是別人來當的。你能不能告訴我是誰把當票賣給你？我幫你查一查。」

「蘇老實當的。」

我聽了略感訝異，因爲蘇老實當的東西品質都不錯，怎麼會出問題呢？可是一翻閱典當紀錄，確認這兩個印章確實是出自蘇老實之手，一個星期前才由這位仁兄贖回。我問他說：「你怎麼知道印章是假的呢？」

「當初我贖了四個，已經賣掉三個，可是客戶向我反映東西是仿的。一開始我也不信，等到用高倍數的放大鏡仔細觀察，才發現這個印章外層是由雞血石的切片拼貼而成，裡頭只包著一塊大理石。不信的話，你自己檢查。」

他將雞血石印章遞過來，我半信半疑地接下，用六十倍的放大鏡仔細檢查，每個平面的紋路銜接得天衣無縫，要不是隱約看到切片之間貼合的縫隙，我還眞的看不出來這是假貨。接著我問：「田黃石也出問題嗎？」

「當然，這是用壽山石染出來的。」

「你怎麼知道？」

「你用紫外線照照看，上頭有化學染劑的螢光反應。」我照他說的方法一試，印章果然發出一片螢光。我看了心頭發涼，因爲庫房裡還有一大堆蘇老實典當的印章，這下子豈不是虧大了？之後我趕緊拿出來測試，雖然不全都是假貨，但也高達一半是假的。而說巧不巧，自此之後，蘇老實就人間蒸發，沒人找得到他，一時間整個光華商圈鬧得滿城風雨，眾多受害者甚至組成自救會，千方百計想找出蘇老實負責，可是他老兄早已離開台灣，沒人知道他的下落。

只是過了不到一年，蘇老實竟然回來了！而且他第一站就先到我店裡！我見著他，氣就不打一處來，可是他還沒開口便先痛哭流涕地認錯，直嚷著：「你要原諒我啊！上游廠商剛開始賣我的都是眞的，可是後來竟然賣假貨給我，我也是受害者！你知道我從不賣假貨，你一定要再幫我一次，不然家裡就沒錢吃飯了！」

看到他一臉的老實樣，再加上先前的相處感覺實在眞不像個騙子，於是也發不了脾氣，我問他：「我的損失沒比你小，賺的錢都不夠賠，你留下來的五、六件贗品怎麼辦？我都賣不掉啊。」

「你放心，我能找到客戶。」

「拜託，你還想再害別人嗎？」

「你不懂，有些預算不足的人特別喜歡買假的來觀賞，因爲眞貨太貴，仿的便宜，而且我跟你說……」他懇切地分析了一大串，我聽得一愣一愣，末了竟覺得有幾分道理，最後我說：「好吧，你既然有誠意解決，我姑且再信你一次。」

當年，有許多做古董生意的大陸人和香港人喜歡在後火車站的三流旅館租一間套房，白天打開門做生意，晚上門一關就成了寢室，若想要買些古玩什麼的，只要沿著旅館走廊逛一圈，要什麼有什麼，跟商店街沒兩樣。因此這回蘇老實東山再起，靠的也是同一套方法，他先是同樣訂了一間房間，接著改賣和闐玉的墜飾。在當時和闐玉還很便宜，每一件的單價都在一萬塊以下，比起各種石頭算是便宜不少。

有時候他會找我去看幾樣東西，看起來都是眞的。閒暇時我也喜歡去逛逛，看看稀奇古怪的東西長知識，可是每看一回，心裡的懷疑就多了一分，有一次我忍不住問蘇老實：「這一帶賣的玉好像多半是假貨？」

他義正詞嚴地否認：「怎麼可能是假貨？我們這些和闐玉都是眞的。」當時他也沒向我借錢，我就姑且聽之。

但沒想到過一陣子，蘇老實就開始找我週轉了。可是我對玉石的判斷還沒十足的把握，只好找人幫忙鑑定。不過會鑑定和闐玉的人實在不多，因爲玉石分成各種等級，和闐玉的礦脈廣泛地分布於崑崙山南北嶽，從青海綿延至哈薩克，各地的品質不一，有一些石質多、玉質少的次等玉石，重量較輕，常被有心人士冒充成和闐玉，混入市場交易。

不過蘇老實帶來的玉品質都不錯，因此我還是常常幫他週轉，而他也跟過去一樣，有機會就直接將當票賣給買家，一方面省事，另一方面萬一買家對品質有所遲疑，他可以拿出當票對買家說：「你看，這是大千當舖秦老闆看過的，總該放心了吧？」我間接成了他的保證書。

有一天，他上門典當一隻羊脂白的玉兔，開價十萬塊。我拿著放大鏡看了半天，玉兔的雕工還眞是漂亮，可是色澤太白，白得讓我覺得有點不對勁，況且若眞是羊脂白，起碼值四、五十萬，我左思右想，不敢亂當，便出價五萬，結果蘇老實二話不說就當了。隔了幾天，有一個客人拿著當票來贖，我看著當票就問：「咦，這個不是蘇老實的玉兔嗎？你幹嘛幫他贖？」

「對啊，他賣給我了。」

「賣多少錢？」

「三十萬。」

我一面想著：「蘇老實眞會做生意。」一面找出玉兔讓客人確認，他反覆地看過之後突然冒出一句：「老闆，你覺得這塊玉如何？」

我搔搔頭如實相告：「這隻玉兔的雕工沒話說，不過我老覺得怪怪的，但是也說不出個所以然。」客人聽了皺著眉頭想了一想，最後還是選擇相信自己的判斷，付了貸金把玉兔帶走了。

誰知道三天之後客人又跑回店裡，直嚷著被騙了，還夾頭夾腦地罵了我一頓。我說：「你別生氣，我有幫你看啊。而且我告訴過你，這塊玉說不出哪裡怪，當時是你決定要買，怎麼現在又說不是和闐玉了呢？」

「我透過中央研究院的朋友，用大型儀器照過，這玩意兒只是阿富汗白玉。」

「那……就算不值三十萬，至少也值五萬吧？」

「你少天眞了，阿富汗白玉只值三萬啊。」

事後我才知道，我們遇上了一種新的騙術；聽說是某位珠寶古董商到阿富汗去買大理石，突然發現阿富汗白玉與奇貨可居的羊脂白和闐玉十分相似，兩者只差在阿富汗白玉的毛孔較粗與重量略輕，可是除非是經驗老到的工匠或鑑定師，鮮少有人看得出來，而且價格只有十分之一。因此這位商人喜出望外，運了一大堆到香港切割，再轉賣至台灣與大陸，狠狠地賺了一筆。

一聽到這裡，我心裡暗叫不妙，因爲當初蘇老實除了玉兔之外，還當了三塊，最後我只能以每塊一萬元賣掉。雖然只損失了十幾萬，但是想到又被蘇老實擺了一道，心裡實在不是滋味。據說這一回被誆的超過一百人，不過蘇老實一樣逃得無影無蹤，我只好摸摸鼻子自認倒楣。

只是過了半年，蘇老實竟彷彿沒發生任何事地又重出江湖！而且這回大張旗鼓地在

出自張大千之手沒錯，可是落款和鈐印有那麼一點不夠陳舊，似乎不像張大千晚年的落款方式。我問蘇老實：「你要當多少？」

「兩百萬台幣。」若是眞跡，當然不止這個價錢。不過我直覺其中必有文章，幾經思索，我告訴蘇老實：「畫作先放在我這裡，我研究研究再告訴你。」蘇老實聽了也點頭同意，爽快地離開了。

我尋思：「這件事得找專家出馬。」於是我將畫作翻拍成好幾張十幾吋的照片，其中落款與鈐印處還放大特寫。再託人去故宮找一位熟知張大千作品的盧老師，邀請他一起吃頓飯。兩人酒酣耳熱之際，我小心翼翼地從公事包裡拿出翻拍照片，恭敬地說：「老師，今天請您吃飯，希望請您瞧瞧這幅畫是不是眞跡。」

盧老師接過去，沒看兩眼就乾脆地說：「假畫。」

我趕緊問：「老師，要不要再仔細看看？除了整幅畫的翻拍，我還有一張特寫落款的翻拍照還沒有拿出來……」

「不用仔細看，這幅畫就是假畫，」盧老師搖搖頭說，「因為眞跡已經收藏在故宮裡。」

我愣了一愣，既然眞畫在故宮，這幅當然是假畫。不過，為什麼能畫得維妙維肖呢？盧老師揭開了謎底：「仿眞畫是作假最常見的方式，但是要做到一模一樣，就我所知，全台灣只有苗栗的林畫師一人有此功力，要不是故宮裡有這一幅，恐怕連我也會被瞞過。」

沒想到台灣竟有如此高手，我想蘇老實典當的畫作，多半是系出同門的贗品。我忍不住問：「盧老師，能不能請您介紹這位專門作仿眞畫的專家讓我認識？」

「這可沒辦法，我跟他只有一面之緣。」我聽了有些失望，不過立刻計上心頭。

兩天後，蘇老實來店裡拿錢，我故弄玄虛地說：「很抱歉，這幅畫不値錢。因爲這是苗栗的林某某畫的，罪證確鑿。」蘇老實聽了面如死灰，開口想辯解，卻一句話也說不出來。末了他懇求我：「張大千的潑墨荷在畫壇赫赫有名，而且這一幅跟故宮那一幅實在不相上下。拜託你，千萬不要拆穿我，萬一消息傳出去，我的生意可就垮了。」

「光棍不擋人財路，要是你不拿來我這邊當，我當然不會說。既然你來我這裡當，無論是別人來問或是來贖，我一定會說眞話，這是我的行規。你蘇老實當東西大部分都不老實，每次都扛著我的招牌幫你背書，結果別人吃虧上當都掛在我的帳上，所以我一定要劃分清楚。」我認眞地說：「還有一件事，我要親眼見識林畫師怎麼畫出這些幾可亂眞的仿眞畫，你得介紹他讓我認識。不然我老是被蒙在鼓裡，實在很不舒服。」

「不行，帶不相干的人去可是違反了行規啊！」蘇老實面露難色。

「我是受害者，怎麼會是不相干的人呢？而且我要帶著錢，跟他買張大千的畫。要是你不答應，那麼這幅畫我也不還你，免得你再拿去騙人，助紂爲虐的事我可不做。」

我有十足把握蘇老實一定會答應，因爲他來自香港，在台灣沒有認識什麼惡勢力，所以無法威脅我。果然他猶豫了許久，終究勉爲其難地答應替我安排。一個多禮拜後，他開車載我南下拜訪業界有名的林畫師。事前蘇老實先介紹了林畫師的規矩：「待會兒見到他，你不用自我介紹，也不用遞名片。直接把新台幣亮出來，告訴他你要哪一位畫家的哪一幅作品，其他的都不要多講。」

「作品的水準會隨著價錢變動嗎？」

「當然啊，一分錢一分貨。好比你要徐悲鴻的畫，如果只出三萬元，他只會簡單地勾勒幾筆，不過神韻全到位；若是付他十萬元，他會畫得幾可亂眞；萬一你願意花二十萬，那就不得了了，林畫師會多花幾天的時間畫出一模一樣的作品，保證連徐悲鴻從墳墓裡爬出來都認不出來。」

「眞的這麼神奇？」我聽了半信半疑。

早上十點左右，我們抵達苗栗造橋的一間日式洋樓門口，林畫師出來迎接我們。出乎意料地，他比我想像中年輕，差不多五十歲上下。我開門見山地說：「林畫師，我打算花十萬買一幅張大千的畫。」

「你想買張大千的哪一幅畫？」

「張大千的潑墨荷。」

「十萬太少，買不了這一幅。」他搖搖頭。

「可是我今天沒帶太多錢，能不能大家交個朋友？十萬能買什麼畫呢？」

「只能買張大千的山水畫。」

我們談定畫一幅〈溪山尋僧圖〉，接著林畫師轉身進了廚房，煎了牛排請我們吃，大家一面吃一面聊，才知道他從小就喜歡臨摹名家的畫風、佈局和落款等細節，大學美術系畢業後，功力更上一層樓，模仿的範圍從國畫到西畫無一不精。「如果是故宮收藏的畫，我還可以參考照片臨摹，畫得更好呦！」林畫師自信滿滿地說。

吃飽喝足之後，林畫師捲起袖子，在桌上擺好宣紙、磨好墨，準備開工。他運筆如風，動作十分俐落，看得我一愣一愣，不出兩個小時便畫完了。林畫師提筆準備落款，下筆前他突然問：「秦老闆，要不要落下你的名字？」

「啊？我跟張大千又不認識。」

「或是落您父親的名字也行。」

「我父親也不認識張大千啊！」

他正色地說：「別擔心，現在我就代表張大千先生。」

「這……還是免了吧。」

於是他落了「蜀人張爰」四個字，等到用印時他又問：「秦老闆，你要張大千哪個時期的印？」

「連這個都可以選？」

「當然，張大千每個時期的印都不一樣，無論你要蜀人大千、大千還是大風堂統統都有。來，你到隔壁慢慢挑。」

於是他帶我走進旁邊的小房間，只見書桌上和牆邊的層板上琳瑯滿目地擺滿了古人的刻印，隨便拿起來一瞧，什麼范寬、祝枝山、唐寅、趙孟頫等名家俯拾即是。每一顆都是精心刻製，甚至透過電腦製作，我抱著欽佩的心情足足瀏覽了半個小時，著實嘆爲觀止。

最後我挑了一枚張大千的印章，林畫師小心翼翼地印了上去，張大千的〈溪山尋僧圖〉赫然出現在眼前，若非我親眼見他畫出整幅畫，肯定認定是眞跡。畫室四周掛滿了其他大師的仿作，我發現他不只是繪畫的功力高超，還能將每位大師的字跡模仿得維妙維肖，怪不得連故宮的專家都差點被他騙了。

等他畫完休息時，我問蘇老實：「你在台灣舉目無親，怎麼會認識林先生呢？」

「你不知道，林先生早已紅到海外，我在香港就聽過他的名號。我的朋友常說，在台灣苗栗有個林先生很能畫，而且從選紙到嵌印一手包辦，如果要開畫廊，一定要找他。」一聊之下才知道，林畫師特地收藏許多舊的宣紙，為的是讓作品增添歷史風味。他談興大發，跟我們提起張大千幾種不為人知的作畫技巧，鑽研得比鑑定師、美術系老師或是故宮的專家還深入。

我想起自己當學徒時，老朝奉曾提過：「自古以來，學寫書法者莫不從臨帖開始，我曾親眼見識過有人可以蒙眼寫出王羲之的蘭亭集序，連眞跡中錯字重寫的部分也臨摹得出來。而且這樣的高人不止一位，光是我見過的就有三位。」而林畫師不但有天分，更付出了無數的努力，實在令人佩服。臨走前，林畫師加贈一幅王雪濤的〈鬥雞圖〉，他客氣地說：「這幅畫得不好，如果不嫌棄，就送給你當紀念。」

我說：「您客氣了，要不是今天來了這一趟，我還不曉得有您這樣的高人。只花了十萬元，卻學到一堂價值百萬的高仿課，實在太值得了！」

經過這次蘇老實的事件，日後我鑑定名人字畫時，心中總是先打上問號，從嚴審查。因為就我所知，當年至少有上百幅的仿作透過蘇老實流到市場上，全部出自苗栗林畫師之手。說起來，像蘇老實一樣的古董商很多，因為他們而吃虧上當的當舖同業也很多，但是像我這樣敢長期跟他互動的可就不多了，嚴格說來，蘇老實應該算是我的學長，許多古董與字畫上的鑑定秘訣，全是跟他學的。

饒是如此，蘇老實的生意依然愈做愈大，賺得荷包滿滿。有一天，他決定將建國南路的古玩店交給親戚打理，自己西進大陸，在上海、廣州和北京開了分店，準備大展身手。由於這一趟西進後，他可能不會再回到台灣，因此特別請我和他的另外兩位合夥人到一品魚翅吃飯。我想起過去幾年他占了我不少便宜，自然欣然赴約。

酒過三巡、菜過五味，我趁著酒興問他：「蘇老實，雖然你今天請我吃魚翅，但是我還是要說，從過去的雞血石、田黃石到後來的字畫，統統都是假貨。你自己跑路跑了好幾次，就連這次到大陸做生意，也算得上是跑路的一種。雖然從過去到現在，大家叫你蘇老實，可是你說的沒有一句是實話，你可不可以告訴我，到底葫蘆裡賣的是什麼藥呢？」

蘇老實喝了一口酒，露出一貫誠懇的表情說：「幹我們這一行，賣眞貨的都跑路，而賣假貨的都發財。不是我們要騙人，實在是因爲眞貨太貴又難找，即使花上幾百萬買下，還不一定找得到買得起的客戶，萬一資金週轉不靈，誰都得倒閉；不如花個十萬、八萬，做個幾可亂眞的假貨當成眞貨賣，只要賣一個就能撐一、兩年的開銷，你說誰願意賣眞貨呢？」

「好！我終於聽到你親口承認自己專門賣假貨！」

「話不能這麼說，我賣的東西只是品質沒有眞貨那麼好，而且買家愈來愈精明，我們得動腦筋研究新的方法，才不會被識破。拿雞血石來說吧，以前偷斤減兩就能賣，可是後來雞血石漲價，原本的方法已經賺不了錢了。正好廣東的同行研發出貼片的方式，幾近天衣無縫，我以爲這能騙得到人，誰知道最後還是被識破了，說來說去，我也是受害者；還有後來的和闐玉，其實都不是假貨，只是品質比較差的次級品。

「這些要做舊成兩、三百年前的古董眞的不簡單，得把玉放進鐵鍋裡加上鐵鏽和硫酸，不停火地熬煮一、兩天，鐵鏽的顏色才能滲到玉裡面，模擬剛出土的沁色……」蘇老實一發不可收拾，劈哩啪啦地抖出不少業界秘辛，我聽了下巴都快掉下來了。

末了他說：「賣古董文物就是這樣，沒有絕對的眞假。當我說手上的古董是眞的，只是代表我個人的看法。而買貨的客人得具備鑑定古物的知識水準，若是不同意，他可以反駁我的論點才行，否則全是一個願打，一個願挨。買賣古物說穿了只有一句話：『多看，少聽。』這些人不願意自己看，全部聽我說，哪算什麼詐欺行爲呢？」

我認識蘇老實這麼多年，他終於說出唯一的一句老實話：「多看，少聽。」

從那時起，面對所有的古董文物，我全憑自己的經驗和學識判斷，絕不聽對方講什麼，以避免先入爲主的觀念誤導。蘇老實雖然騙得我很苦，但是我日後鑑定古董文物的觀念，也都是拜他所賜啊。

門簾外的一個啓發

雖然蘇老實騙人的行爲是不對的事情，但其實從他的話裡也反映出了許多人的心理狀態。我們常常會因爲一個人的舌粲蓮花，所以分了心，也會因爲一番花言巧語改變了對一個事物的看法，甚至是增加了價值，因而忽略了眞正的本質。蘇老實教會我，就是多用心去觀察，而不是單憑口舌評斷。

游泥鰍

說起影響我考古生涯最大的兩個人，除了〈蘇老實〉裡的主角蘇老實之外，還有一位則是大家稱他爲「游泥鰍」的古董商游英秋先生。他們兩人同樣長相老實，但不同於蘇老實以寶石爲主，游先生是做古董瓷器生意起家。

他經手的瓷器琳瑯滿目，從唐代的三彩俑、明朝的青花瓷到清朝的粉彩瓷，不但商品多得不得了，而且他一肚子的典故，隨時都能引經據典掰上一大串，行銷手法高明，在舊時的光華商場頗負盛名。他賣東西有一個重點，就是：無論是多麼好的東西，好比清康熙的粉彩、清乾隆的鬥彩或是明宣宗的青花，他一定會加上「疑似」兩個字。所以即便他再講得天花亂墜，也都不把話給說死，末了留一句：「你自己判斷。」因此即使客戶心中有些許疑慮，也無法反駁他，但也就由於爲人太滑頭了，所以大家才給他一個「泥鰍」這樣的綽號。

游泥鰍眞正成名的原因是開創台灣古董拍賣場的先河，他比照佳士得、蘇富比等大型拍賣會，每週四晚上自行舉辦小型的古董拍賣會；無論是賣家還是買家，進場前都得先繳一筆入場費，會場的擺設十分簡單，場中央擺著一張大桌子與一根權充拍賣木槌的藤條。而每樣商品上桌之前，游泥鰍都會親自鑑定，確認是眞貨之後，才能放到桌上接受喊價。

因爲他的口才好，擅長掌握現場氣氛，總是能適時地補上一、兩句話煽動群眾，讓拍賣價格再往上加個一、兩成。只要交易成交後，游泥鰍每筆會抽取百分之五的佣金，而且只要買家開始塡寫支票，他還會在支票背面簽名背書，算是以拍賣會主人的身分掛保證。

不過，在將商品交給買家之前，他也照慣例一定會發揮泥鰍的本色補上一句：「這東西我看過，『疑似』某朝的古物。至於對不對，你自己判斷喔，如果現在後悔還來得及。」一見買家沒意見，游泥鰍的藤條就會立刻「啪」地一聲打在桌面上，俐落地說：「好，成交！銀貨兩訖，不能反悔了。來，下一個。」

每週的拍賣會總會擠得人山人海，甚至到後來，除了原本的週四之外，週一晚上還會再加開一場，同樣人聲鼎沸，每回都會從晚上七點半一路拍到十二點才罷休，而且東西還不一定全能排得上。當時古董界的玩家都知道，若是想找好東西，到游泥鰍的拍賣會就對了。

雖然生意好，但是游泥鰍同樣有煩惱，就是因爲與會者的水準良莠不齊，有些賣家到銀行軋票時發現支票被退了，但買家卻早已不知去向，怎麼辦？只好找上當初在支票上背書的游泥鰍。雖然游泥鰍嘴上滑頭，但是講到錢可不打馬虎眼，他總是跟吃虧的賣家說：「這筆錢我先墊，我再去找開票的人討。」所以即使收了不少的進場費和交易佣金，可是跟著因芭樂票產生的呆帳也很多，因此游泥鰍三不五時會找我週轉。當他跟我聊起這件事，我問他：「如果改成現金交易，不就沒這個煩惱了嗎？」

「唉，我也知道，可是很多人不習慣帶著十幾、二十萬出門，不用支票實在不方便。」

「既然如此，你可以篩檢入場的客人，事先聲明若要開支票，一定要先經過『照會』。」

「照會？要怎麼照會？」

「很簡單，入場時先跟客人談好是用現金或是支票下標，若是支票，請他前一天先把銀行帳號報給你，你再按照帳戶向銀行照會是否有退票紀錄，這樣你不就可以減少一部分的風險了嗎？」游泥鰍聽了以後大爲激賞，試行之後果然降低了不少呆帳，因此我跟他變成了很要好的朋友。

之後，他常常找我去參觀拍賣現場，雖然他的拍賣場不大，但是各路好貨層出不窮，甚至連張大千、徐悲鴻、黃君璧、溥心畬等名家的畫都時常出現，我相信大部分都是眞跡，而且當時大陸投資客還沒來炒作，有時一幅張大千的畫不到二十萬便能入手，看得我嘖嘖稱奇。此外，拍賣不免遇到流標，因此缺錢的當事人也會常向游泥鰍借錢，可是游泥鰍不能白白借人，最後就統統跑來找我，時間一久，我彷彿成了大家的金主。而也拜他們所賜，我累積了許多鑑定文物的經驗，倉庫裡堆了一票古董文物字畫花瓶，一般人眼中充滿銅臭味的當鋪，總算多了幾分文人雅士的氣息。

有一天晚上我照例去參觀拍賣場，現場突然出現了一位樣貌神秘的老先生，以前沒看過，他頭戴禮帽，臉上掛著眼鏡，手拄著拐杖，身著一襲長袍，彷彿從圖畫中走出來的古人。他氣定神閒地拿出一個「三足洗」放上桌子中央，只說了一句：「宋汝窯，鼓釘紋三足洗。」全場立刻鴉雀無聲，因爲即使在故宮，宋汝窯的古物也不超過二十件。最後還是游泥鰍沉得住氣，打破沉默問：「老先生，你想賣多少？至少開個底價吧。」

「新台幣兩百萬。」平心而論，若以國寶來看，其實這個價格還算便宜，可問題是，誰來鑑定眞假呢？此時，沒想到全場竟不約而同地望著我，我只好硬著頭皮接下任務。

我仔細地端詳這只三足洗，從過去所學的汝窯特徵開始判斷：第一是造型，因爲宋朝的帝王跟大臣很有文藝氣息，所以官窯都做得十分優雅；二是工藝精湛；三是上釉上得很均匀，一般都是天青藍色，而且汝窯特有的蟹爪開片紋、窯燒溫度不同所造成的開片、支釘燒的痕跡統統具備，只是手工刻記「丙」字紋稍微有些瑕疵。我看了半天，最後說：「汝窯的五種特徵，這只三足洗具備四種半。」

四圍的觀眾開始議論紛紛，還有人問：「四種就四種，五種就五種，哪有四種半的呢？」

「據我所知，汝窯的器底上的印記應該是用手工刻寫的，但是這件器底符號好像是印上去的，這一定有問題，所以我才說五種條件符合四種半。如果你們不相信，最好另請高明。」可是哪有時間另外請人呢？於是大家開始出價，從二十萬、三十萬開始，一路喊到一百萬，老先生依然淡淡地搖頭說：「沒有兩百萬不賣，而且過了今天就沒有機會了。」

這時，方才已經出價一百萬的那位客人突然對游泥鰍說：「游老闆，如果你敢保證的話，我立刻出兩百萬買下來。」

游泥鰍笑說：「我是裁判啊，您來這裡這麼久，一定知道我的行規是眞假自己判斷，我不能保證，我只擔保付款安全。今天秦老闆也在，他自己都說五個條件符合四個半，剩下的您自己決定。」

正當大家還在猶豫之時，這時老先生又說話了：「我年紀大了，過兩天就要移民去美國，這只三足洗是我家傳的寶物，我想來看看有沒有識貨的人，萬一沒有，我就要帶去美國了。我再給你們一次機會，有興趣的多看幾次。」

此話一出，大家紛紛上前瞧個仔細，看到最後，大家覺得這個老先生看起來道貌岸然，不像是騙子一類的歹徒，於是，剛剛開價一百萬的客人終於拍桌子說：「好，我買！兩百萬！」說完掏出支票準備開票，群眾發出一陣歡呼，可是老先生慢條斯理地又開口了：「我只收現金。」

問題是已經晚上八、九點，到哪裡湊這麼多現金呢？所有人又看著我，我搖手說：「你們不要看我，剛剛我已經說了，五個條件符合四個半，不能說百分之百正確，至少有百分之八十。但是古董跟電腦一樣，不是零就是一，沒有中間的灰色地帶。所以我不會花錢買，用這個給我抵押兩百萬我也不要。」

這下子老先生不肯收支票、買家現金不足、我也不願冒這個風險，一時間三方僵持不下，於是游泥鰍只好出面打破僵局說：「這樣好了，兩百萬現金我負責。」

但怎麼湊呢？還是得找我。游泥鰍拿了其他的文物，從我這裡湊了一百多萬，再回家找錢湊足餘額。趁著空檔，我試著探探老先生的口風，我問：「老先生，這東西若是眞貨，可以賣到上千萬，你爲什麼只賣兩百萬呢？」

老先生似乎不太想理我，東拉西扯地說：「我當然知道可以賣一千萬，可是不知道要賣到何年何月？而且我年紀已經大了，一則我需要錢到國外享享清福；二來我也不願國寶從此流落他鄉。」雖然有些敷衍，可是實在不像拿假貨騙人，因此我猜應該是有些難言之隱。

等到十點多，游泥鰍終於湊足了錢回到拍賣場，當他要把錢遞給老先生之際，我拉住他的手說：「欸，不是一筆小數目，你要不要再看看？」

他豪氣地說：「不用看了，兩百萬賭一賭。萬一是假的，我願意賠。」

老先生收了錢開心地走了。

當時，買家說好第二天還游泥鰍兩百萬現金，游泥鰍再還我一百多萬。可是我足足等了一個禮拜，游泥鰍始終沒有出現。我心裡著急，於是直接跨上摩托車殺到光華商場找他。等我到拍賣場找到他時，只見三足洗放在桌子上，游泥鰍坐在一旁，滿臉皺紋，頭髮白一半，彷彿老了十歲。我問：「發生什麼事？」

他指著桌上的三足洗說：「那個是假的。」

我一聽差點昏倒，連忙追問：「爲什麼說是假的？」

「買家找了一個故宮的專家來看，他跟你說的一模一樣，什麼都對了，就差那個手刻印。這是仿得很像的高仿。」

「高仿值多少錢呢？」

「多少錢？一文不值。」

「啊？那怎麼辦？」

「只能擺著。」游泥鰍的臉埋進了手掌中，久久不發一語。

當初游泥鰍誇下海口，若是假貨便由他全額賠償，這下子兩百萬的債務全都壓到身上，難怪他如此愁苦。此後三足洗就成了游泥鰍甩不去的汙點，常有好說風涼話的人指指點點，嘲笑游泥鰍買到了假貨，甚至還說：「當時幫忙鑑定的正是大千的秦老闆，他也沒看出是假貨。」連我都被拖下水，成了被揶揄的對象。

日子一久，游泥鰍不但是心情沮喪而已，因爲威信沒了，連帶生意也受到波及。有一天，他找我喝一杯澆愁，我們兩個在空蕩的拍賣場上你一杯我一杯，差不多喝光了一瓶高粱酒，兩人都喝醉了。這時游泥鰍口齒不清地說：「我不會怪你。」

我聽了莫名其妙地說：「你幹嘛怪我？當時我不是告訴你，如果是我絕對不會買嗎？是你決定要出手的啊！」

「唉，如果你直說是假的就好了。」

「有一分證據說一分話，眞的五個特徵中了四個半啊！不然你要不要再多找幾個人看看，說不定還有翻盤的機會。」

「別提了，上次那個故宮的專家看了之後，我又找了好幾個行家鑑定，大家一致認爲是眞貨的機會不大，我看是沒指望了。」他喝了一口酒，悶悶不樂地說：「算了，就當兩百萬買個教訓。不過賠錢事小，這次收到假貨，讓我的商譽大受影響，有些老顧客不敢再光顧，拍賣的生意一天不如一天，實在令人頭大。」

也許是當時喝多了，我竟趁著酒興提出一個我平常不會提的大膽建議：「可是每天把假貨擺在那邊有什麼意思？不如想想辦法扳回過去的商譽，我記得司馬中原的小說裡提過一個故事，故事的主角當了一只瓶子，結果他不小心摔碎了。乾脆你當眾把它摔碎，把這件事忘了，像個男子漢重新開始。」我補上一句：「要是我的話，肯定這麼幹。」

游泥鰍一聽，酒也不喝了，拍桌子大聲說：「好！」

隔天的拍賣會照常營業，但是在開始之前，游泥鰍打了一天的電話廣邀客人，預告今晚將有絕世古董出世，保證大家大開眼界。無論新客戶還是老主顧聽了好奇得不得了，紛紛湧入拍賣場，現場擠得連支票都抽不出來。

剛開始照例拍賣一些小東西，到了中場時，突然游泥鰍揮了揮手說：「等一下，先停一下。」接著他在眾目睽睽之下爬上貨架，把三足洗捧在手上，朗聲對全場說：「這個東西經過大家鑑定是假的。我承認是自己陰溝裡翻船，不過我鄭重宣告，我絕不賣假貨。只要有假貨出現，我就把它……」說完雙手便狠狠向下一摜，「砰」地一聲，兩百萬的三足洗摔得粉碎。

全場愣了十秒鐘，突然有人大聲喝采：「好，你有種！」大夥兒爲游泥鰍的決心鼓掌叫好。這一摔，也摔回了顧客對他的信心，大家知道游泥鰍不惜損失兩百萬，也要重建拍賣場的聲譽。從此之後，拍賣場的生意逐步回升，甚至更勝以往，游泥鰍重回光華商場的古董名人行列，享了十年的風光，賺得荷包滿滿。

事後他對我說：「要不是你出的主意點醒了我，可能我還是守著那個假貨，從此一蹶不振。」我聽了以後立刻慎重澄清的說：「那是因爲那天我喝多了，才跟你鬧著玩，誰知道你當眞了。要是換成我花了兩百萬買一樣東西，要我狠下心來摔碎，我哪裡肯啊！」

門簾外的一個啓發

雖然游泥鰍表面滑頭，從不把話說絕，但是他眞正高明的還是行銷手腕，以及對於商譽的重視，寧可壯士斷腕，也不願意讓一時的失誤影響自己的權威，也因此才能再度贏回了顧客的信心。商譽，不只是對公司行號，也是一個人成功與否的重要關鍵。建立商譽要花上好幾年，但是摧毀只在瞬間，因此不可不愼。

士官長

民國八十五年的某一天，我記得當天店裡的人潮特別多，當我正在忙得焦頭爛額之際，突然有個人叫起我當兵時的外號，心想這個聲音挺耳熟，一定是過去的同袍。回頭往人群中掃視，原來是在東引島服役時的上士班長阿里，算一算已經有四、五年沒見了。我脫口喊出：「班長！你怎麼到我店裡來？」

「經過附近來看看你，而且有件事情想請你幫忙。」

看到阿里，我的腦海中浮現了當兵時不痛快的回憶，心中五味雜陳，不過畢竟已經事過境遷，因此我還是請他到辦公室坐坐，也聊聊其他同袍的近況。有些人飛黃騰達、有些人生活不順，彼此都有些感慨

不一會兒，我問他：「你現在做哪一行呢？」

「我打算來台北開計程車，今天來找你，就是爲了這件事，」他拿出兩、三只金戒指說：「我需要湊錢買車，這幾個戒指能不能當十萬？」

我秤了秤重量，搖搖頭說：「差多了，這幾個戒指頂多値一萬。」

「那……能不能多算一點？」

「沒辦法，黃金有公定價格，你的戒指只有幾錢重，拿去賣頂多一萬二。」

「大家認識這麼久，你借我十萬吧。」

「拜託，十萬和一萬差十倍啊！」

「哎呀，你的生意這麼好，十萬一定沒問題啦。」

我苦笑說：「你別看我這間店的門面不錯，其實我的資金滿緊的，根本沒辦法借你。」

一開始阿里還千拜託萬拜託，但是漸漸他的語氣中開始多了幾分脅迫，甚至還搬出一堆人的名字，指天畫地地說：「你可以打電話給他們，這些人能爲我擔保，無論如何，你一定要借我十萬。」

我見他端出了過去身爲上士的架子，心中十分不以爲然，畢竟過去我跟他就沒什麼交情，更何況現在。現在是看在是舊識面子上，加上他又親自找上門來，才願意讓他當個一萬、兩萬，已經算是仁至義盡了。

但眼看現在場面愈說愈僵，也沒必要花時間陪他胡鬧，因此我淡淡地說：「我最多只能借你兩萬。如果你不能接受，去別的地方試試看吧，我得先去招呼客人了。」

沒想到我話才說完，阿里突然就接口：「電話借我，我找個人跟你談。」

我沒想太多，把電話遞給他，只見他連打好幾次都沒人接聽，於是我問：「你要打給誰？」

「打給曹士官長。」

我聽了臉色一沉，沒好氣地問：「打給他幹嘛？」

「也許他講的話，你比較聽得進去。」

阿里這一說，更讓我怒火中燒，大聲地罵：「你是來借錢，還是來恐嚇的？我告訴你，我已經退伍了，在軍中也沒幹過見不得人的事，不需要你來恐嚇。以前你在排裡爲虎作倀，替士官長幹了許多醜事，你們兩個在我和弟兄們身上加諸了許多無法磨滅的痛苦回憶，我都不好意思提了，難道你忘了嗎？今天你都來了，我還盡量幫你的忙，但是你偏偏提起過去那些不開心的事。對不起，請你現在離開我的辦公室。」

阿里的臉上青一陣白一陣，悻悻然地走了。而店裡的同仁，第一次看到我發這麼大的脾氣，嚇得不知所措。我坐在沙發上，想起當兵時的往事，心情久久無法平復。

我常說，我的一輩子幾乎都是獻給了當舖，而經營當舖久了，當然形形色色的客人都看過，見怪不怪。但每回只要遇到上門典當的是軍人時，總讓我不免想起自己以前那段軍旅生涯讓我留下一段恐怖回憶的士官長*，而這一回遇上與他狼狽爲奸的上士班長阿里，心裡的衝擊更大。

在我的人生旅途中，遇見了三位老師，將我從懵懂無知的少年，教育成無所畏懼的成年人，猶如人間罕有的改造工程，其中第一位老師是我的父親；第二位是當學徒時的老朝奉；最後一位便是這位士官長。

這位士官長姓曹，當年跟著國軍部隊從大陸撤退到台灣，大半輩子都在部隊中度過。外表短小精悍、頭腦異常聰明，專司車輛與大型機械的維修，所有的專業技術全憑自學而來，而且管理風格強勢獨斷，也因爲專業能力高人一等，就連校級軍官都忌他三分。而從新訓中心調撥到部隊的第一天，士官長的強勢作風便震懾了我。

一般而言，新訓中心的要求特別嚴格，每天都過得戰戰兢兢，一旦下了部隊，只要與單位的老鳥混熟之後，生活就會逐漸放鬆，若是運氣好的話，甚至天天吃香喝辣，與新訓中心可謂天壤之別。不過，當我一進到部隊所屬的保養場，卻發現學長所吹噓的下部隊的好處，在這裡一丁點兒都沒有。因爲保養場每日用餐和訓練課程都自成一格，就連直屬長官想管理也鞭長莫及，隨著日子一久，保養場彷彿就成爲獨立單位，曹廠長就成了名符其實的皇帝了。

＊詳見《二十九張當票：典當不到的人生啓發》中〈逃兵的補給證〉，與《二十九章當票②：當舖裡特有的人生風景》中〈開不出的當票〉。

尤其在士官長的高壓領導之下，每天不是打就是罵，罰跪、罰跑步都是家常便飯，比新訓中心還要嚴格十倍。而當部隊從台中調至東引島之後，廠裡的肅殺氣氛更爲凝重。一直等到我從士官隊受訓歸建，與士官長的互動較爲頻繁之後，才發現在其強勢的外表下，士官長更是一個深不可測的人物，而他的行事風格也深深地影響了我。

當時我所待的營共有四個連隊，只負責一項任務：在兩年半內，打通飛彈基地總長超過八百公尺的坑道。當年反攻大陸的氣氛依舊濃烈，因此這項工程乃是國防部甲級工程之一，各級軍官莫不繃緊神經，將準時完工視爲第一要務。於是全營近五百位弟兄二十四小時日夜輪班，夙夜匪懈地打坑道；同時，施工專用的空壓機、怪手、裝土機等大型機具更是動輒就連續運轉三、四十個小時，所以我們這一批專責保養維修的保修廠就顯得格外重要，若是稍有差錯，或是未能及時排除故障，肯定耽誤工程進度，這可是沒人擔得起的重罪。

每回機械故障時，士官長會輪番指派不同的維修班弟兄負責修繕，他的規矩只有一個：「沒修好不准回來。」所以弟兄早上七、八點出門，到了深夜十一、二點還無法回連上就寢是常有的事。可是弟兄們寧願強忍飢餓與疲累，也不敢忤逆士官長的命令。因爲若是無法及時修好，士官長的責罰更恐怖十倍。

而當大型機具的零件損壞至無法維修時，就得向島上負責後勤補給的保修中隊申請零件，如此重責大任便落在我補給士官的身上。爲了讓維修工作順利完成，我簡直把保修中隊當成自己家廚房，每天總要跑上五、六趟，但是辦公室的承辦人見了我卻像碰上瘟神一樣。因爲在我們調撥至東引島之前，島上需要保養的車輛機具十隻手指頭都數得出來，即使車輛或發電機需要維修，也只需要送上補給艦將其送回台灣處理，然後再等待下一次船班運回島上。所以保修中隊上至軍官，下至阿兵哥，成天無所事事，專司泡茶聊天，我的出現等於擾亂了他們美好的生活。

剛開始我不明白原由，爲什麼每次申請零件總得到千篇一律的答案：「沒有。」所以回到隊上老是挨罵，等我摸清楚情況後，便開始想盡辦法拉攏負責經理裝備的承辦人。可是，他也只面無表情的收下申請料件憑單，然後在單據蓋上「欠撥」二字，無論我如何卑躬屈膝的拜託，他總是遞出一本薄薄的帳冊說：「不是我不幫你，你看，我學長交接給我的就只有這麼一些零件，根本沒有你要的東西。」

「那怎麼辦呢？沒有零件，機器動不了啊！」

他伸伸懶腰地說：「我幫你拍封電報向上頭申請，承辦人會先將零件送至烏日工兵處，等下一班船來的時候，你就會收到了。」

說起來容易，但一來台灣有沒有零件不得而知；二來是能不能趕上船期也無法保證，所以等到零件眞的到手，往往已經過了一、兩個月，爲此我常常被士官長又打又罵。

有一回，遇到空壓機的零件壞了，我連跑了好幾回仍要不到零件，最後士官長給我下了最後通牒：「不管怎麼辦，今天下午五點鐘之前一定要把零件給我拿回來，你去，就說我說的。」

我心想：「這不是強人所難嗎？」不過我還是硬著頭皮找承辦人說：「我們廠長說你一定得想辦法找一找，看看還有沒有前輩留下來的東西，說不定在倉庫裡翻一翻就有了。」

對方聽了好氣地說：「不就告訴你沒有了嗎，你要我去哪裡找？」

「你們辦公室後面不是有兩大間庫房嗎？要不要我陪你進去找找看？」

他白眼一翻說：「那怎麼行！什麼叫我的倉庫讓你找找看？萬一東西掉了怎麼辦？」

既然他都這麼說，我也沒辦法，只好悻悻然地回去。但我永遠記得，當士官長見我還是拿著蓋上「欠撥」張的憑單出現，立刻就衝上來給我個一頓好打，但這時我真的忍不住了，大吼道：「你打我做什麼？機械又不是我弄壞的，而且承辦人都說沒有，你還想要怎麼樣！」

等士官長稍微氣消後，只見他整整衣袖，順手就拿起憑單說：「走！」直接領著我走回保修中隊的辦公室。進門之後，士官長站我身後問：「哪一個？」我指了指承辦人。接著士官長命令他起立，冷冷地問：「我再給你一次機會，告訴我，這幾張憑單上的東西你有沒有？」這個人不知大難臨頭，依舊滿不在乎地說：「你是誰啊？沒有就是沒——」話還來不及講完，士官長的鐵拳已經狠狠地砸在他的臉上、身上，對方還來不及哀嚎，就被打趴在地。

辦公室裡另外十個人見到同袍被揍，紛紛擁上，拉架者有之，企圖還手者有之，不過無論是誰，全被士官長一人打到滿地哀嚎。門口的衛兵握著槍嚇得不知所措，只能大聲求救，聞聲趕來的中校中隊長見到部屬倒成一片，指著士官長大吼：「曹某某，我一定要法辦你！」士官長依舊不爲所動，一派輕鬆地揚長而去，只剩我一個人呆立現場。中隊長知道我沒動手，送法辦送不到我，立刻搖電話通報憲兵隊。

等我回到保養場時，憲兵已經到場，準備帶走士官長，見到我出現，連我也一起押上了車。車直接開進了指揮部，只見指揮官、副指揮官、政戰部主任、參一、參二、政一、政二等軍官一字排開，所有東引島能當家作主的全到了，我吞了吞口水，知道今天凶多吉少。

指揮官狠狠地說：「曹老大，你爲什麼動手打兵？你這是暴力對待部屬，要判軍法的。」

誰知士官長揚聲說：「我不但要打兵，還要把他們全部槍斃。這個坑道工程是國防部專業的工程，也是全軍最重要的一個工程，如果不能按期完工，不知道有幾個將星要被摘掉？那部空壓機已經躺了兩個星期，算一算總共故障三部了，要是再掛掉一部，只有停工一條路。你們心裡也清楚，保修中隊的幾個渾蛋成天啥事不幹，吃飽了就睡，睡飽了就吃，只會在憑單上蓋『欠撥』，既不追也不催。這樣下去，我們工程還怎麼做？」士官長接著還嗆聲：「指揮官，你把我關起來也無所謂，反正我早就不想幹了。」

士官長此話一出，在場所有的長官面面相覷，沒人搭腔。過了好半晌，少將副指揮官突然跳了出來說：「我支持士官長，該槍斃就槍斃！」

此話讓中隊長聽了臉色鐵青，他大聲喝問：「什麼！我的兵就該白白被打嗎？」

副指揮官漲紅著臉回道：「這個工程要是沒有如期完成，連你都要槍斃，散會！」於是士官長便大搖大擺地領著我走出指揮部，彷彿沒發生過任何事。

第二天一早，我照例前往保修中隊辦公室，只見偌大的辦公室空無一人，該上班的全都住院療養。門口衛兵拿出庫房的鑰匙交給我說：「你自己進去。」

於是我趕緊回營區帶了五個修車班的弟兄一起到庫房尋寶，一進去，發現裡頭彷彿百寶箱，小至螺帽，大至推土機的引擎，不論有沒有料號，各種器材應有盡有。不到三兩下工夫，就找出號稱欠撥已久的六樣零件，而且數量還不少，唯一的缺點是庫房長期沒人照料，所以滋生許多跳蚤，咬得我們渾身癢得要命。

一個禮拜後，住院人員全部回到工作崗位，但他們再見到我，態度一百八十度大轉變，對我便畢恭畢敬的：「鑰匙由你保管，要什麼儘管拿，不用知會我們。」從此以後，保修中隊再也沒有刁難過我。

六十八年十月左右，前總統蔣經國先生要親臨東引島巡視部隊，由憲兵連負責前導的工作。結果好巧不巧，憲兵連的兩輛白色吉普車都壞了，怎麼發都發不動，更甚至其中一輛連汽缸也破了。其實兩輛車已經送到保修中隊修了半個月，可是憲兵連平常得罪太多人，因此保修中隊只是隨便敷衍修了幾下，一直到總統抵達前一天才說修不好。

眼看隔天早上十點總統就要上島，屆時要是連一輛前導車都派不出來，一干軍官不槍斃才有鬼。因此，當時副指揮官急得拔槍指著憲兵連連長下最後通牒：「明天早上要是沒有派出你的憲兵前導車，別等長官下令，我第一個槍斃你！」憲兵連連長四處求爺爺告奶奶，全東引島都拜訪遍了，只得到一個異口同聲的訊息：「如果曹士官長願意幫忙，你明天還有救，否則你可以直接交代後事了。」

憲兵連的連長老大不情願地想著：「我堂堂一個上尉居然要向區區一介士官長求情，這還有部隊倫理嗎？」可是情況迫在眉睫，不情不願在當天下午三點多，憲兵連連長還是派人將兩輛憲兵車拖進了我們的保養廠，自己則一派威嚴地走進大門，不情願地衝著士官長大聲招呼：「士官長你好。」

士官長早知道發生什麼事，但是見連長仍擺著一副軍官的架子，於是只當連長是隱形人，連理都不理。連長面子掛不住，氣呼呼地走了。到了晚上六點鐘，連長帶著副連長和指揮部政戰部副主任再次前來，這回身段柔軟許多，他低聲下氣地拜託：「士官長，勞駕、勞駕，你可不可以幫幫忙啊？再不幫忙就要出人命了。」

士官長懶懶地擺手說：「別往我臉上貼金，沒有人瞧得起我，我修一修重機械還行，修車我可不會，而且也沒有零件……」扯了一堆理由，又給了憲兵連一夥人一頓閉門羹，三個人摸摸鼻子回去了。

到了晚上十點，憲兵連連長由我們連長陪同又來了，這回他撲通一聲跪在士官長寢室門口，哭爹喊娘地求士官長幫忙，我們的連長算是他的學長，平日兩人交情不錯，爲了學弟的性命，連長也跟著跪下喊著：「曹士官長，你就幫幫他的忙，過去的恩怨大家一筆勾銷啦。」兩人一把鼻涕一把眼淚地哭求，我們在寢室聽了都著急，但是士官長的寢室始終大門深鎖，連應也沒應一聲。

時間就在這樣漫長的等待裡度過，眼看時針已經來到凌晨一點，距離總統登島的時間只剩九個小時，彷彿槍斃憲兵連連長的子彈已上了膛，只差沒扣下扳機。此時，突然

「砰」地一聲，寢室的門開了！士官長的老相好阿里走了出來，吹起緊急集合哨，兩位連長趕緊用袖子抹抹眼淚，彷彿看見了救星，我們立馬跳下床集合。

接著阿里下令：「四個組從兩輛憲兵車裡挑一輛，早上六點負責修好。開始！」然後又晃晃悠悠地回房睡回籠覺。

但接下來我們這幾個根本別想睡了，立刻把憲兵車全部拆掉；有一組負責將引擎全拆，清點需要更換的零件，跑進保修中隊的庫房東翻西找，翻出蠟封的全新凸輪軸、幫浦等，全部換上；另一組人專職噴漆，翻新椅墊與輪胎，整個保養廠總動員一路折騰到早上六點，士官長才伸著懶腰走出寢室，只見一部簇新的白色吉普車光可鑑人地擺在保養廠中央，連輪胎都上了一層保養油，肯定比全台的憲兵車都搶眼。

士官長瞧了兩眼，滿意地說：「打電話叫他們來領。」這一回總統登島視察總算安全過關。從今以後，無論憲兵抓到我們違反什麼軍紀，只要報上：「我們是五一九工兵營保養廠。」憲兵二話不講，馬上放下違紀單放人。

還有一回，打坑道的空壓機轉子出問題，氣壓達不到工作磅數，無法驅動鑽頭，眼看就要影響工程的進度。士官長知道後，先是派出第一組維修班，幾個人從早上八點一直忙到晚上八點還沒回營，於是士官長派我前去關心進度。我一到現場只見零件拆了滿地，維修班的弟兄個個束手無策，頂著入夜後攝氏兩度的寒風在坑道裡直打哆嗦，雖然又餓又冷，可是任務未完成，也沒人敢回營。

士官長收到回報後，立刻又派出第二組人馬接手，不過當第一組回來後，連個飯也沒吃，就直接在集合場罰跪。直到隔天早上八點，當第一組已經跪了四個小時，第二組還是沒修好，於是士官長又派出第三組換班，讓第二組也跟著跪。這一路到中午十一點多，眼看第三組依然沒回來，一定是毫無進度，於是士官長對我說了聲：「走！」便開著吉普車到了維修現場。

其實當時第三組的弟兄早已一籌莫展，見到士官長出現，才又趕緊抄起工具假裝努力，只是難逃士官長法眼，被他一腳踹得老遠。甭說，第三組的五位弟兄統統被罰跪，其中還包含一位號稱「福特汽車」的金鈑手（技術一流的修車技師）。只是從大家不服氣的眼神中，看得出來彼此的心思是一樣：「全東引島保修的精銳盡出都搞不定，你還想怎麼樣？難道跪上三天就能感動神明，讓引擎起死回生嗎？」

只見士官長不慌不忙地看著空壓機，指著其中一處說：「你們過來，把這裡給我拆掉。」

從昨天到今天，這個部分已經歷經過無數次拆裝，但是長官有令，大家不敢馬虎，七手八腳地拆了個乾淨，他問我：「你覺得這個轉子如何？」雖然我前一天已經先做了功課，但看了半天，仍舊看不出個所以然，只好回說：「報告士官長，這個轉子的鋼軸看起來還行，但轉子片本來就是消耗品，不知是不是這裡出問題？」士官長聽了也沒搭腔，只說：「來，把轉子全拆了。」

轉子片一片片整齊地排在地上，士官長仔細看了半個小時，發現有幾片磨損了，可是島上找不到新品，得發文至台灣調撥。於是他指著其中幾片說：「來，這幾片全部對調，裝回去。」大家聽了半信半疑，可是手腳不敢怠慢，花了兩小時將空壓機重新裝好。士官長一聲令下：「發動！」

此時，原本漏氣的空壓機壓力竟然回復到近一千磅的工作磅數，現場大家統統看得一愣一愣的。士官長繼續下令：「來，裝上鑽頭試試看。」鑽頭轉得飛快，折磨大家近兩天的空壓機終於可以正常運作。

接著，士官長轉身對我說：「回去。」我趕忙跳上吉普車，載他回營區，才剛出坑道，他又忽然叫停，對我說：「你下車走回去，叫他們回來。」

我走進坑道，罰跪的弟兄歪七扭八地從地上爬起，那一位金鈑手弟兄揉著膝蓋佩服地說：「眞的沒話講，這一次沒有白跪。」

士官長曾經多次展現神乎其技的維修能力，即使缺零件、沒工具，他都能土法煉鋼把故障的機具恢復正常，連專業的機工都甘拜下風。就因爲太神乎其技，於是有一位曾見識過士官長把一具無法運轉的柴油引擎調整得跟新的一樣有力的班長，還特地設宴款待士官長，請教他如何學到沒人知曉的修車秘技。

當時只見士官長吃得滿面紅光咂咂嘴說：「以前在大陸，每回部隊移動時，軍車一天開上十幾個小時是家常便飯，可是方圓一百公里之內都沒有保養廠，要是等到車拋錨了再修，連人都找不著，得全靠自己動手。所以每天晚上七、八點休息時，什麼活塞、曲軸、連桿、油環、汽環等，統統得拆下，該清的清，該上油的上油。好比說曲軸應該是圓的，可是跑久了不免變形，因此每天都要打磨。不過我們沒有精密的搪缸設備，就拿著浸過油的草繩在曲軸上繞三圈，兩個人一人抓一頭，像線鋸一樣來回拉扯，把曲軸磨圓。保養好了再裝回去，每天搞到十一、二點睡覺。當時幾乎晚上都是這麼過，功夫自然磨好了。」

雖然士官長常對下屬動輒暴力相向，但是他對兵好的時候，福利卻也是同樣加倍，對外更是護短護到了極點。比如我們放假時常去東引的南澳喝兩杯酒、打打撞球，大家玩得開心，因此軍服的釦子也沒扣，若是不巧碰上憲兵隊來抓違紀，我們一干人等統統都會被帶到憲兵營連裡，等待單位主官保人。

遇到這樣的狀況，其他單位的長官多半跟憲兵隊陪笑臉說：「哎呀，不好意思，幾個弟兄不小心犯錯了，能不能手下留情啊？」半哄半捧地把人保回去；可是曹士官長不來這一套，他直奔憲兵隊連長室，夾頭夾腦地罵了他一頓：「搞清楚，這是東引島，又不是台北市，要穿多漂亮？有衣服穿就不錯了。我們是來做工的，不是標兵，不是他媽的模特兒，你憑什麼抓人？」憲兵連連長氣得要把他關起來，可是士官長滿不在乎，硬把被抓起來的弟兄帶走，留我一個人寫切結書。這樣的事情不止一次，他從不在乎屬下的服裝儀容，即使槓上整個憲兵隊也在所不惜。

另外，若是其他單位找保養廠的弟兄去保養車輛，回來後士官長一定會問：「有沒有準備點心和飲料？」萬一對方什麼都沒準備，他便會說：「好，下次甭去了。」等到下一回報修，對方左盼右盼等不到人，逼得連長親自上門關切，士官長便會冷嘲熱諷地說：「你這是什麼奇怪的單位？我們去保養機械，讓你們工作順利，你們準備一些茶點是應該的，什麼好吃的都沒有，要我們白出力，難道把我們當作奴才嗎？這我們可不幹，我們寧願當鬼，也不當奴才。」此後，弟兄們外出保養機械，總是吃香喝辣，比放假回家還舒服。

說到底，其實士官長很像許多傳統的台灣企業家，對部屬罰得很重，賞得也很重。而若是在他底下造反，恐怕連命都沒了；但只要是決定跟著他，一定可以過得比別人還好。就好比，當部隊調回到台灣後，營長還沒批准放假時，他已經劈哩啪啦地放走了一半的人，其中有一個阿兵哥填了五天的假單，士官長立刻在假單上批上紅色的大叉罵著：「幹嘛放五天啊？我放你十天，重寫！」完全不按部隊規矩，但是營長知情也不敢說什麼。如此賞罰分明，加上專業能力無人能及，下屬自然爲他賣命。

也因此，在士官長如此嚴厲地管理之下，一班弟兄沒日沒夜努力下，原本預計兩年半才能完成的坑道工程，只花了一年八個月就趕完了。立下如此大功，相關單位從連長到指揮官統統升官，不過士官長早已升到頂天的一等士官長，要升也升不上去了。但是他毫不在意，只跟長官說：「要升官你們儘管去，反正我升不了官嘛。可是以後我要的，你們要給我。」所以無論他違反了什麼規定，上級長官總先衡量士官長對自己仕途的幫助，接著高高舉起，輕輕放下，沒人敢動他。他的人脈和權力版圖就這樣一點一滴建立起來。

聽一位老資格的中士班長說，想當初十大建設的高速公路如火如荼地修築，全程分成二十個工務段，陸軍的十軍團負責其中一段，其他承包單位包含榮工處、中華工程司，還有日本三井等大企業，士官長所率領的單位便是負責十軍團所有機具的保養維修，而在士官長雷厲風行的執行能力下，重大機具始終常保堪用狀態。直到有回遇上了裝備缺件，連陸軍總部都申請不到補給品，當時大家急得像熱鍋上的螞蟻，甚至考慮去黑市購買充數，不過因爲品質誰都不能保證，萬一要是裝上之後機械故障，那就更慘。就在大家想不出辦法的時候，只見士官長仍舊一副老神在在的樣子：「上車，我們去載。」

弟兄們心想：「上哪裡去載？有這麼好的事？」一行人半信半疑地開著五輛大卡車出營區，直奔烏日工兵處，門口的衛兵見狀攔車喝問：「幹嘛？」

士官長從車窗探出頭說：「載東西。」

「載什麼東西？」

「你憑什麼問我載什麼？你又是什麼東西？滾！」於是五輛軍用卡車無視衛兵的阻止，一路開到庫房門口。下了車，士官長打開庫房大門大聲吆喝著：「搬！」大夥人聽了趕緊下車，依著清單搬貨。這時接獲通報的處長氣急敗壞地跑過來，一見是士官長，怒不可抑地喝問：「曹某某，你無法無天了！這是偷竊！小心我辦你！」

但士官長依舊神態自若，一臉不在乎地說：「偷什麼竊？我家連一輛汽車都沒有，我要偷什麼？這全是部隊要用的。」

「就算是部隊要用也沒有，這些都是戰備品。」

「戰備品？我們每天修高速公路，比打仗還緊張。現在我要補給，你說沒有，可是整個庫房堆得跟山一樣，難道你在囤積軍品嗎？如果你一定要跟我拗，不如這麼辦，大家來查一查到底是誰盜賣軍品？」對方聽了半天說不出話，於是士官長又接著下令：「搬！」大夥又趕緊七手八腳地搬上足夠的輪胎和補給，接著揚長而去。

日後只要缺補給、少零件，士官長多次帶屬下去工兵處打開庫房取件，他從不多拿，且每回都會留下舊裝備，再取走相等的數量，從來也都沒出過事。一來是因爲上級的縱容，二來萬一惹惱了他，他只要揭發偷賣的不肖軍人，將會波及無數人。所以工基處的人拿他一點辦法都沒有。

而日後工程評比，來自陸軍的十軍團更是擊敗了國內外各大工程公司，拿下二十個工務段的第一名。單位的加菜金一發再發，所有的主官升官在望，人人笑得合不攏嘴。打那時候起，士官長更加有恃無恐，想幹什麼沒人敢擋，在軍中横著走。甚至有人說，雖然他只是個兵頭，卻比上將更有影響力。

不過，雖然士官長屢屢建功，但因爲性侵下屬的醜聞層出不窮，即便上級單位極力遮掩，但最後因爲諸多受害者向陸軍總部投訴，軍方終究還是要懲處，於是將士官長送到一個不痛不癢的邊陲單位，不准再碰保養業務，從此空有一身功夫卻無處發揮。時間一久，認識他的舊人漸漸退伍，新上任的軍官根本不理會他，當年像原子彈般威力無窮的士官長，逐漸黯然消失在軍隊舞台上。

在我三年的從軍生涯裡，每每遇到士官長展現強勢作風時，晚上就會忍不住不睡覺地思考，爲何他的震撼力無人能敵？爲何他能完成一個又一個的奇蹟？後來我終於明白，這不是與生俱來的天賦，而是毫無背景的他必須靠自己的雙拳打天下的關係，因此逢山開路、遇水搭橋，不管遇到什麼困難都沒有任何退路，不讓對方臣服絕不罷休，也所以才能夠一磚一瓦地構築自己的王國。

不過，士官長並不是靠霸道讓人信服，而是同時還會去思考其中的利害關係。例如，他會對上級提供利益，而無論他的手段再如何不合常理，統統以眾利爲先，不曾中飽私囊，所以長官才會願意對他睜一隻眼閉一隻眼；而每到一個新的環境，藉雷霆之怒震懾全場，日後便任誰都不敢惹他。比方說，士官長一人單挑保修中隊，他很清楚只要來個下馬威，日後肯定通行無阻，因此即使拚上一條命，仍要扭轉局勢，果然一戰成名。

同時間，順從他的友軍單位同樣有好處；要是車輛或機械損壞，保養廠的弟兄一定第一時間前去修復；最後，身爲他的下屬，人人都知道順他者昌，放假放不完，逆他者比死還慘，所以沒人敢挑戰他，即使熬夜不睡，都要完成士官長交付的任務。

他的字典裡沒有隨波逐流，只有人定勝天。雖然與士官長相處需要戰戰兢兢，但不能夠否認，他也的確有自己的一套策略，所有的動作並非是莽夫行爲，而是思考過後的決定，在他身邊的那些時間，我也的確從中獲益良多，無疑是我生命中一個重要的導師。

門簾外的一個啓發

雖然士官長的性格裡有許多爲人所詬病的陰暗面，但是我卻從中學習到「時勢造英雄」的謀略：要成事之前，先要滿足別人想要的，次之才是獲取自己所需。如此一來，身邊的所有人就會不得不照著自己的意思走。幾十年來，我見過無數的領袖人物，不過士官長的強勢風格，從另一個角度思考，現今許多知名企業家不也都帶有這種特質嗎？

第二章

八個教我人情世故的人

舞廳頭牌小梅

很多人不知道，其實當年我創業的路十分艱苦，尤其是處在龍蛇雜處的中山區，三教九流、黑白兩道，更是不容易。但因爲用心經營加上努力，最後才終於慢慢做出一點成績，立下不錯的口碑，因而日後許多地方人士若想要談事情時，總會到我的店裡，當舖儼然成了鄰里交誼廳，常常每天光是買檳榔就要花掉一千元。

民國八十二年左右，有一位大哥的酒店新開張，他是我的常客，因此我便跟幾個朋友一起送上花籃，順道也到他的店去捧捧場，大夥兒吃吃喝喝好不快活。依照傳統的酒店玩樂文化，完整的行程分成吃飯、喝酒和唱歌三攤。所以一等到七、八點鐘吃完飯，大哥果然就提議改去舞廳玩玩，其他人鼓掌叫好，只有我遲疑地說：「我根本不會跳舞，去舞廳幹嘛？」其實眞正的原因是每次大夥兒吃飯喝酒，我總習慣掏腰包請客，但是舞廳是個銷金窟，而我沒帶太多錢出門，這一筆不知道要花多少。

可是大家一直起鬨，推也推不掉，加上酒店大哥強烈要求我一定要出席，他還拍拍胸脯說：「玩多少都算我的。」於是我轉念一想：「既然有人要出錢，況且我好多客戶都往舞廳跑，我總該去見見世面。」最後便跟著大夥兒轉戰紅極一時的新加坡大舞廳。

出發前這位大哥誇下海口：「我告訴你們，全台灣最漂亮的女人，全部都在新加坡！」我聽了半信半疑，事後回想，當天晚上的確是我難以忘懷的一天。

我們抵達舞廳門口時，正是舞小姐和客人吃完飯、準備進場跳舞的營業時間。只見整條街上車水馬龍，計程車、私家車一輛接著一輛，比機場送機還熱鬧。從車子走出來的男人要不是富二代，就是各商界的企業大亨，人人都帶著一位衣著華美的絕色美女，我光在門口就看得暈頭轉向。

一進大廳更不得了，任何事情瞧著都新鮮，我秉持儒家的精神：「子入太廟，每事問。」巴著熟門熟路的朋友問到底，見到入口掛著一個舞國排行榜，上面從第一名到第十名標得清清楚楚，我好奇地問：「這第一名是怎麼回事啊？」

「第一名就是捧場客人最多的頭牌，幾乎每天包場。」

「包場？那是什麼意思？」

「就是包下她一整晚的上班時間啦。平常的消費是一節一節的算，每一節分別是快板、中板和慢板三種曲子輪流，如果你買一節，小姐陪你跳完舞就轉檯去陪別的客人了。」

「包場要多少錢？」

「一萬二，還不包含出去吃飯的費用和小費喔。」我聽了嚇一跳，這在當年可是許多上班族近一個月的薪水。

「這麼貴？所以只要包場，小姐就會陪你跳整晚嗎？」

「怎麼可能？你能包場，別人也會包啊。」

「既然不是專屬，哪有這麼多傻瓜願意花冤枉錢？由著小姐陪自己跳跳舞，又轉去陪其他的客人聊天？這算什麼包法？」

「你不懂，愈多人包場表示她愈紅，這樣才叫『舞國紅星』吶。」

「眞是無法想像，」我看著榜上的第一名叫「周莉」，接著問：「這個頭牌賺很多吧？」

「對，一個月賺個百來萬都很正常。」

「什麼？啥事都不用做，光跳跳舞能賺這麼多？太不公平了，長得漂亮還眞吃香啊。」

我邊問，一邊大班也領著我們一行七、八個人走進舞廳，現場正放著慢舞的音樂，舞影婆娑，燈光昏暗，場內氣氛浪漫，但是我和其他兩、三個朋友卻因爲光線幽暗而跌成一團。好不容易找到座位，小姐挨著我們一個一個坐下，爲大家斟上啤酒。我自忖海量，可是頭一次喝啤酒喝到快醉倒，只因四周的女子美得令人失神。

雖然我只是來開開眼界，沒有任何特殊目的，可是見到舞小姐爭奇鬥豔，我卻穿得好像清潔隊，跟同座的漂亮小姐比起來像主從倒置似的，心中暗自懊惱：「早知道不穿牛仔褲了，至少換件西裝褲再來。」再看看其他桌客人打賞的豪綽，更是令我瞠目結舌。聽說酒家的小費不過是一百、兩百，可是這些火山孝子一出手都是一疊、兩疊，根本是另外一個世界。

雖然是一個隨興的續攤，不過我可不敢輕舉妄動，直挺挺地坐在沙發上，彷彿入伍的新兵只坐三分之一板凳，一直等到酒過三巡，才逐漸放鬆。只是，領頭大哥這下卻反而不開心了，他環顧四周，老覺得陪我們的小姐都是小牌，面子掛不住，於是把大班叫來罵了一頓。大班趕緊道歉，馬上換一批更漂亮的小姐，她們講話也好聽，三兩句就把人捧得高高的。可是大哥還是不滿意，他又把大班叫來：「我要點第一名的，你把周莉找來。」

「不好意思，今天周莉已經被包場了，所以不能來坐您這裡。」大班意有所指地說：「除非您也包場。」

大哥的虛榮心早已被酒精激起，哪能被人瞧不起？他大聲地說：「我包！叫她來！」

我們聽了趕忙勸他：「大哥不要衝動啦！就算她來了，你也不能幹嘛，說不定花了一萬二，連小手也摸不到，而且今天這一攤就不知道多少錢了，算了吧！」

誰知道不勸還好，大哥愈勸愈往死胡同走，堅持一定要包場，我們也無法反對，只好由著他去。只是眼看快、慢拍的音樂都換了好幾次，周莉始終不見人影。而我不會跳舞，雖然想跟旁邊的女孩子聊天，可是實在自慚形穢，不知道要怎麼開口，只能繼續喝悶酒。

終於，等到一曲慢舞結束，舞池漸亮，開始要播放快舞音樂時，見到一個女孩子從舞池旁邊輕移玉步而來，背後的燈光彷彿隨著她的步伐一顆顆亮起似的，而我的腦袋也「轟」的一聲開始翻江倒海，「哎喲不得了要命喔！難怪那些火山孝子要前仆後繼地跳進來繳錢，只要見了她，眞的在家裡蹲不住喔！我的媽呀，那些電影明星全得靠邊站啦！」

這位肯定是新加坡的紅牌周莉，她在大哥的身旁坐下，正好在我對面。我一面低著頭喝酒，一面偷瞄幾眼，不看還好，愈看愈勾人，只是她的眉宇之間有些似曾相識，不過說不定只是自己一廂情願，我不敢亂提。倒是周莉坐了不到三分鐘便起身走人，之後再也沒回來，而那位傻瓜大哥早已經喝得酩酊大醉，連買單都是朋友先幫他處理，白花花的一萬二算是打了水漂。

不過，當晚我總算是見識了舞廳的威力，一個晚上花上十萬、八萬的只是家常便飯，像我這種人根本沒資格去消費，白先勇老師所寫的《永遠的尹雪艷》眞有道理，那些拜倒在尹雪艷石榴裙下的，都是無怨無悔的人吶。

回到當舖之後，老覺得那個舞國名花周莉似曾相識，正好我的客人裡不乏在舞廳的工作者，因此我便找機會向他們打聽，可是消息很少，只知道周莉已經在舞廳紅了一年多。一般的小姐在粉味市場大多紅不過三年，往往先從舞廳開始，接著到酒店，再來到卡拉ＯＫ、鋼琴酒吧之類，每往下一層，表示離年老色衰又近了一分，能紅一年多委實不易。

過了半年多，有一位名叫小白的男性常客上門典當勞力士手錶，每次都是普通男性款式，但這一回裡頭卻包含著一只原裝的滿天星女錶，時價約七、八十萬。因爲開當舖最怕收到贓物，爲了謹愼起見，我免不了多問幾句：「你以前當的都是男錶，這只女錶是誰的呢？」

「哎，我沒跟你提過，我是舞廳的大班，以前拿來當的錶都是客戶的。有時候他們有打賞或者結帳時，突然發現錢帶得不夠，就會當場拔下手錶，交給我來當。你說的這一只女錶屬於一個很有名的紅牌，她很有錢，只是最近有點困難，才託我幫忙。」我心想合情合理，於是當了二十五萬，數了錢交給大班。

日後這只錶陸陸續續由小白經手出入了兩、三次。其中有一回，小白還沒來贖，一輛當時最吸睛賓士300SEL豪華轎車開到店門口，一對打扮入時的男女下車走了進來，女孩子臉上的大墨鏡遮住了大半的輪廓，男方則是拿出了滿天星女錶的當票，連同二十五萬和利息爽快地交給我。我將錶交給他，忍不住多問了一句：「這只錶是小白拿來當的，怎麼今天沒看到他呢？」

一旁的女孩搭腔：「小白他生病了，這只錶是我的。」我順著話音特別看了她一眼，雖然大部分的五官被擋住，但是直覺指出她一定是美女，而且講話的口音有點耳熟，不過我想起小白在舞廳工作，這個女孩可能是她的同事，實在不好多問，於是恭送兩人開著車離開。

等到小白第四次再來當這只錶時，我終於忍不住問道：「小白，那天來贖當的女孩長得很漂亮啊，你到底在哪一家舞廳工作？」

「我在新加坡舞廳。」

「哇，我去過！那裡的女孩眞是長得沒話講，統統一百分。要是我有錢，我一定非去不可。」

他聽了則開玩笑地說：「別想啦！你這一點錢可進不來我們新加坡。別的不說，一個晚上光是小姐陪你跳跳舞就要花上兩、三萬，等你發財了再說吧。」

「哈哈，不過那個女孩我老覺得很眼熟，她是誰啊？」

「跟你講也沒關係，她就是我們的大紅牌──周莉。」

我喜出望外：「是嗎？我上次去新加坡的時候正好見過她啊，她很漂亮，可惜上次來戴了墨鏡，沒機會看清楚。對了，她是哪裡人？我老覺得曾經見過她。」

「我知道她來自桃園，也許你們過去有些什麼機緣。不聊了，我得去上班了。」

又過了一陣子，某天凌晨兩點，一個女孩推門進來，由於當年我經常二十四小時營業，所以任何時間有人來我都不意外。不過，深夜裡這個女孩還戴著大大的墨鏡可就有點奇怪了，再看她滿臉怒氣，頭髮略顯凌亂，身上隨意披著風衣，彷彿剛與人起爭執似的。

進了門後，她也一語不發，只是遞上一只勞力士，我一看是滿天星的款式，又是紅寶石的錶面，立刻認出是小白常來當的女錶。再抬頭一看，這個人不就是周莉嗎？只是看她臉色不善，我不敢多問，只問了一句：「這只錶不是小白常常拿來當的嗎？」

「喔，小白有事，今天我自己來當，能當多少呢？」

「一向當二十五萬。」

「可不可以多給一點？」

「好啊！妳要多少？」

「三十萬好不好？」

「行。請借我妳的身分證，我得登記。」

「這……能不能跟過去一樣寫小白的名字？」

「抱歉，小白沒來，所以我不能寫他，這是法律規定。」

周莉一臉為難，推說自己沒帶身分證。

「如果沒帶身分證，很抱歉，我幫不上忙。」我雙手一攤。

她猶豫了半天，嘆了口氣，勉為其難地從皮包拿出身分證，表示她只是不願意曝光自己的身分。我趕緊緩頰說：「其實當東西不是什麼丟臉的事，誰沒有急用呢？況且東西是自己的，既不偷也不搶，偶爾拿來週轉，於情於理都很正當吶。」

我接過身分證開始寫當票，寫著、寫著突然覺得名字很面熟，「咦？這個人不就是小梅嗎？」我心裡一震驚呼，但仍不敢完全肯定，於是強作鎮定地翻看背面的地址，上面登記的正是陸光四村。我心裡大喊：「哇，世界還真小！」小梅是我高中時期的校園「名人」，難怪初次見面時我會覺得眼熟。

可是，隨即我又想起自己的專業身分，因此強壓大叫的衝動，壓抑下攀親帶故套熱呼的想法。我照流程規規矩矩地登記好身分資料，便將當票與現金交給她。此時我再定睛一看，她的五官依稀可見過去的影子，但一晃眼十幾年過去了，沒想到現在她竟成了我的客戶。而眼前的小梅自顧地收好錢和當票，沒多說一句話便推門離開了。

回想我讀桃園高中的時候，放假時總喜歡四處到同學家玩耍，一方面天性好動，另一方面到別人家裡作客總有免費的食物可吃，對我這個阮囊羞澀又食量奇大的高中生來說特有吸引力。而在我讀高二上的時候，有回一位住在眷村陸光四村的同學邀我到他家玩。到了村子裡，他把我帶到一戶人家的門口，我才正要進去，就被他一把拉住。我奇怪地問：「幹嘛拉著我？這不是你家嗎？」

「這不是我家。」

「不是你家？那麼我們站在這裡做什麼？」

同學雙眼發亮地說：「嘿嘿，當然是來看我們村子裡長得最漂亮的三姐妹啊。尤其是最小的妹妹小梅，我最喜歡她了。」

話音剛落，門突然打開，猛地一道冷水就從自來水管噴出，潑得我倆一身濕，一陣慌亂，我們狼狽地直跳腳，而在忙亂中依稀見到一位手執水管的女生兇巴巴地說：「你們在那裡胡說八道都行，就是不能在我家門口講。」罵完扭頭進門。但沒想到我同學毫不在意渾身濕透，反而樂呵呵地說：「沒關係、沒關係，被小梅潑水是我的榮幸啊。」等我們回到同學家，他哥哥竟也興沖沖地問我：「你剛剛有沒有到小梅家門口參觀？」

「啊？我？有……有啊。」

「哇，你知道她姐姐長得多漂亮嗎？我告訴你……」我一愣一愣地聽著同學和他哥哥熱切地爭論小梅姐妹的美貌，彷彿三姐妹是陸光四村所有少男的精神指標一樣。只不過先前被水潑得太突然，我實在沒注意小梅究竟長什麼模樣。

後來有一回，我如往常搭著往桃園的火車上學，周圍全是穿著桃園高中制服的學生。只不過當天車廂內的氣氛與平日不同，好像所有男同學的目光全部集中在同一個方向，我順著大家的視線望去，天啊！怎麼會有這麼正點的女孩子？而且看她身上的校服與書包都是新的，甭說，肯定是小我一屆的學妹。

我從小臉皮厚，字典裡沒有「不好意思」四個字，見到漂亮學妹可是千載難逢，於是我立刻擠到她面前，單刀直入地問：「學妹，妳叫什麼名字？」全車的男性同學彷彿看到公敵，敵意指數立刻飆高，其中一位惡狠狠地說：「喂，你想幹嘛？對學妹不可以這麼沒禮貌。」

「拜託，我是問學妹，又不是問你。」

此時我的同學也跳出來挺我說：「你想怎樣？他是我們村罩的，你注意一下喔。」不過我不管他們，還是繼續追問：「喂，學妹，妳到底叫什麼名字啊？」只見她一臉無可奈何地扭過頭，毫無搭腔的興致。

這時旁邊另外一個同學才說：「不要再問了啦，誰不知道她叫小梅啦。」

「啊，我想起來了！」我恍然大悟：「原來妳就是陸光四村的小梅！我去過妳家，還被妳潑水，妳記得嗎？」當下我才明白，在情竇初開的青少年眼中，含苞待放的小梅宛如女神的化身，小梅家正是陸光四村不可動搖的風景名勝，任何人到村子裡，一定要先前去朝聖。

又過了沒多久，一位學長找我一起去桃園高中女生部送情書，我倆蹺課翻牆，落地時好死不死遇上班導師，兩人趕緊分頭逃跑，只是默契不足，跑著跑著和學長走失了。於是我獨自一人閒晃到女生部，突然福至心靈：「乾脆去找小梅。」不過我不知道小梅是哪一班，便隨便攔住一個女同學，愣頭愣腦地問：「學妹，妳知不知道小梅讀哪一班？」

沒想到她竟也反射性地回答：「陸光四村的小梅嗎？」

「是啊。」

「一年二班，從樓梯上去，二樓右邊第一間。」

「謝啦。」我轉身就跑，依稀聽到身後喃喃傳來一句：「你是今天第六個。」

到了教室門口，小梅正在和一群同學聊天，我開心地大聲打招呼：「嗨，小梅。」見到我在上課時間出現在女生班，她詫異地問：「你怎麼會在這裡？」

我扯了個謊：「老師要我來送課本，順便轉過來找妳啊。對了，我下個禮拜要到你們村子裡去玩，順便去妳家玩一玩好不好？」

她秀眉一蹙，冷冷地說：「我家不歡迎你。」

「好啦、好啦，不要生氣嘛。」我嘻皮笑臉地安撫她。不過眼看上課時間也快到了，於是趕緊告辭。隔天免不了被老師叫去罰站，老師還警告我：「下次再跑去女生部，立刻開除。」不過想到能跟小梅說上幾句話，心裡頭還是甜滋滋地。

還有一回，我和同學搭火車回台北，在車上遇到了一位熟識的三年級學長，學長突然神秘兮兮地問我：「有沒有錢？借我一些。」

雖然我一人在外住校，手頭緊得很，但是見到學長有難，兩肋插刀完全不成問題。我說：「身上帶的不多，你要多少？」

「一百。」

我和同學東湊西湊擠出一百元，我隨口問他：「學長，你要幹嘛？」

他小心地把錢塞進口袋說：「我要請學妹看電影。」一聽到約會，我可來勁了，連忙追問：「眞的嗎？哪一個學妹？」

原本學長堅持不透露，我說：「拜託，我錢都借你了，讓我偷看一眼會死啊？」

「好，你跟在我後面，不過不准講話喔，不然她會被你嚇跑。」

「你放心，我絕對只看不動口。」

我們穿過了三節車廂，學長上前跟約到的學妹講話，我抱著瞎起鬨的心態靠近一瞄，馬上失聲叫出：「啊？小梅。」

小梅看到是我，又羞又氣地向學長抱怨：「幹嘛要通知他？」學長好不容易約到小梅，我這一喊，險些誤了他的大事，因此沒好氣地瞪著我。而我的心裡更嘔：「唉，早知道我就不借錢給學長了。明明是我出的錢，應該是我跟小梅看電影啊。」

這是我第三次遇到小梅，也是學生生涯的最後一次。過了幾個月，我因爲家庭因素轉學至基隆高中，而後輟學進入當舖業，小梅的身影也漸漸被每天忙碌的生活沖淡了。而今天再遇到小梅，不僅讓我想起學生時代的往事，也讓我對這次重逢不勝唏噓。

沒隔幾天，小梅當的錶由小白來贖了。我見到他就熱切地說：「來、來、來，好久沒有見到你，一起喝杯茶聊聊天吧。」

「行啊，我今天正好有空，怎麼了？」

「沒什麼，上次周莉來當手錶，我才發現她是我在桃園高中的學妹啦。過去我們都叫她小梅，當年追她的人可以擠滿一列火車啊。」

「是啊，她的名字裡是有個梅，現在追她的人更多，其中不乏大老闆。她還跟一位紡織業的大亨同居呢。」

「咦？這麼說來她應該不缺錢啊？怎麼常常來當錶呢？」

小白嘆了口氣說：「唉，女人啊，終究要栽在一個『情』字上。」

「怎麼說？」

「她是舞國高高在上的女王，多少金主把錢堆在她眼前，她都不屑一顧。可是她什麼人不選，偏偏愛上一個開賭場的混混，常常輸得一屁股債，讓周莉替他還錢。人家說一物降一物，說起來還眞有道理。」

我搖搖頭說：「太可惜了，不然她賺了這麼多錢，早就可以從良了啊。」

一晃眼又過了幾個月，這段期間我也沒再聽到小梅的任何消息，期間小白曾當過其他東西，我問他小梅的下落，他聳聳肩說：「她離開新加坡了，我也不清楚她上哪裡去。」我心中暗自希望她從良了，至少是好事一樁。

但是有一天，一位年輕的熟客小陸上門典當，他拿出一只跟小梅的滿天星一模一樣的手錶，我愣了一下，仔細檢查錶號，果然是小梅的。我耐不住心中的存疑，於是問他：「小陸，這個錶是你的？」

他滿不在乎地說：「我馬子的。」

我一聽更疑惑，因爲這小子生性爛賭，而且專門玩弄女人感情，著實不是個好東西，該不會是偷來的吧？我繼續追問：「這只錶是哪裡來的？難道小梅是你的女朋友？」

他沒料到我有此一問，當場愣住，接著撇撇嘴承認：「好吧，其實這只錶屬於我朋友的女朋友，我朋友知道我是你的熟客，來這裡典當比較方便，所以託我幫忙。」

「那麼你朋友是幹什麼的？」

「他是小開，家裡有的是錢。」

「你們怎麼會認識？」

「在賭場裡面認識的。」

「他本人同意你拿來當嗎？」

小陸不耐煩地說：「你開當舖問這麼多幹嘛？又不是警察辦案，東西對了就好啦！」我聽了不再追問，照樣當了二十五萬給小陸。

幾天後，小梅親自來贖，不過這一回她牽著一位從沒見過的男人。我見他頭頂地中海，腰挺鮪魚肚，言行舉止財大氣粗，一看就是董事長的派頭。我心裡尷尬不已，一來不能套交情，二來見到小梅爲了贖回手錶，低聲下氣地向這個老男人撒嬌，過去不可一世的舞國紅牌委屈至此，實在有些悲涼。我沒說什麼，只能公事公辦。

贖了沒幾天，一位沒見過的男人又帶著小梅的滿天星出現，姓「蔡」，自稱叫阿敏，這一回還多帶一只鑽戒。我看著手錶，心中五味雜陳，不曉得爲什麼又換了人來當，卻不知從何問起，只好先打聲招呼，再跟他說：「這只錶曾經在我這邊當過……」

「有啊，我叫小陸來當過。」

「是，這是小梅的錶。」我正想要繼續問一下來龍去脈，但這位仁兄卻先開口說：「你怎麼會認識小梅？你跟她什麼關係？」

我故作輕鬆地回：「沒什麼關係啊，我們以前都讀桃園高中，她是我的學妹。」

「喔，抱歉，我誤會了。」他聳聳肩，接著說：「這只錶跟上次一樣，我要當三十萬。」

我搖頭說：「如果是小梅來當，我能算三十萬。只是今天由你出面，我只能當二十五萬。」

「爲什麼？有什麼差別？」

「因爲我是她學長。」

「可是小梅會來贖，你還是算我三十萬吧。」

「不行，那是小梅跟我的事情，今天只能當二十五萬。」

他老大不開心地說：「好，二十五萬就二十五萬。」

我面無表情地連同戒指另外當的十萬交給他，他瞪了我一眼，走了。不到兩個小時，電話鈴聲響起，竟是小梅打電話來，她哀傷地問：「老闆，我的手錶是不是剛剛當了？」才一說「對」，電話那一頭立刻嚎啕大哭，我不曉得怎麼安慰她，只能無奈地掛上電話。

但過了一、兩個禮拜後，沒想到小梅竟上門了，而且還帶著另外一位西裝革履的老闆出現，表示要贖回手錶和戒指，她刻意說：「這個秦老闆可是我的高中學長喲。」

大美人的嘴裡吐出的「學長」兩個字電得我受寵若驚，生平第一次樂得暈頭轉向，轉念一想：「奇怪，她怎麼知道我是她學長？是了，一定是那個阿敏告訴她的。」

小梅接著又說：「自己的學妹要贖的時候，可不可以算便宜一點？」

「沒問題、沒問題，利息打個七折。」現場三個人都開心得不得了。

不過這只滿天星始終在店裡來來去去，往往都是阿敏典當，小梅找凱子來贖，算來算去，錢肯定被蔡阿敏花掉了。人生在世最怕在事不關己的局勢摻入自己的喜怒哀樂，但這一回我竟也陷了進去。

又有一回，阿敏照例拿著滿天星進門，我忍不住問他：「蔡先生，上次小梅才贖回這只錶，今天你又拿來，請問你究竟是做什麼生意的？」

他沒好氣地說：「這件事你管不著。」

一向以客人為尊的我，此回竟然脫口而出：「如果可能的話，我建議你自己來贖，不要叫小梅出面。因為每次她來還要拜託別人，我這個當學長的看了實在於心不忍。」

此話一出，阿敏立刻翻臉，劈哩啪啦罵出一堆不堪入耳的髒話。我還沒反擊，正巧分局員警來店裡聊天，其中一位就開口關切說：「這麼兇想幹嘛？」阿敏的罩子很亮，見狀討不到便宜，閉上嘴就走了。

沒多久，小陸就打電話來關心：「喂，你的店是怎麼回事，爲什麼阿敏去當東西搞得不開心？」

「不是我找他麻煩，是他的態度不好。」我連珠炮似地說：「小陸你也開導開導他，因爲這只錶是我學妹的，每次阿敏來當，卻都是我學妹找人來贖，從沒見過他出錢。我知道你們是靠這個吃飯的，我無話可說。不過，我學妹贖當的錢都是跟別人求來的，我這個當學長的看了於心不忍。不然這麼辦，你叫那個阿敏不要來我這邊當行不行？眼不見心不煩嘛。」

到底小陸是一個老江湖，他聽出事情不好處理，連忙安撫我說：「好、好、好，我會跟小蔡講。」這件事總算是揭過去了。

過了沒多久，某一天深夜，小梅突然神色憔悴地上門了，並且拿出一堆手錶、鑽戒和項鍊。我問：「怎麼回事？」

「學長，阿敏被抓進去，我得保他出來。」

「抓進去清醒清醒也好，幹嘛要把他保出來？每次當手錶的錢都是他花掉的，對不對？」她不發一語，形同默認。

「妳這樣賺錢不容易，每次都替他墊也不是辦法。」她點點頭。

我接著說：「我們曾經在桃園有幾面之緣，現在大家到了台北討生活，妳看我現在做點小生意已經很辛苦了，可是我覺得妳還更辛苦。每天要伺候這麼多的人，好不容易賺了一點錢，又被別人糟蹋。妳自己心裡也要明白一點，就算這次保他出來，難保不會有下次，這樣下去怎麼得了？」

我的這些話，搞得小梅眼淚撲簌簌地掉了下來，她哽咽地說：「我不是不知道，只是實在沒辦法斷了這段感情，每個人都有每個人的命啊。」

我見小梅態度堅決，也一口氣當了五十萬，讓她可以保阿敏出來。不過直到期限快到了，小梅還是沒有來贖，我也忘了留她的電話，於是只好打給小陸：「小梅的手錶和鑽石都快到期了，可是沒人來贖，她和阿敏現在怎麼樣了？」

「哎呀，這兩個人弄得很不開心，聽說連房子都被拍賣了。」

「怎麼回事？不是把他保出來就好了嗎？」

「聽說阿敏在其他地方還輸了不少錢，小梅還在想辦法。」

電話掛上，我心想：「說來說去，最倒楣的就是那些火山孝子，他們花了一堆錢想要一親芳澤，結果統統讓小梅貼給阿敏這個小白臉，不，他還算不上小白臉，根本是披著羊皮的狼，實在壞透了。但我又該怎麼幫助我的學妹呢？是該點醒她？還是來個當頭棒喝？」心裡還在琢磨，正好就接到小梅的電話，她低落地說：「我最近手頭比較不方便，請你幫我留一留。」

「沒問題，倒是妳最近怎麼樣？」

「還好。」

「在哪裡上班呢？」

「沒有，我現在沒上班。」我聽她沒特別想要多講，因此便草草掛上電話。

這一天，那位開了酒店的大哥又到我店裡找人閒磕牙，聊著聊著突然問我：「小秦啊，去年我們到新加坡舞廳喝酒，我點了一個叫周莉的紅牌，你還記得嗎？」

「當然記得，我更記得你花了一萬二，結果自己喝醉了，連話都聊不到五分鐘。」

「嘿嘿，我告訴你，她現在到我的酒店上班，可是我店裡的頭牌。」他得意地說。

「什麼？她不是在舞廳嗎？」

「早就沒了啦。」

我心裡頭涼了半截，因爲我一輩子在江湖上打滾，非常清楚粉味市場的生態；舞廳是最高級的場所，想要在舞女身上動手動腳，立刻會被保鑣架出去，所謂的火山孝子都在舞廳出沒；可是酒店的文化低了許多，許多人借酒裝瘋占酒女便宜，偷摸一把都算家常便飯，小姐爲了生活，只能選擇隱忍，因此我相當不齒，所以我不喜歡去酒店。現在聽到小梅居然到酒店上班，處境實在堪慮。

只是人拗不過好奇心的驅使，有一天我跟大夥兒一起喝酒吃飯，大哥興致一來說：「走，到我店裡去，今天晚上我請客。」

我想起很久沒見到小梅，於是跟著大家一同前往。才坐下沒喝幾杯，小梅走了進來，容貌明豔依舊，但是雙眼無神，彷彿已失去生命的活力，印象中盛開的花朵已走入了凋零，我的心中充滿無限感傷。

小梅強顏歡笑地招呼大家，卻沒認出我，我故作輕鬆地說：「學妹，怎麼沒叫學長呢？」

她抬頭認出了我，笑了出來：「學長？你也來喔？你跟我們老闆是不是很熟？」

「老闆跟我是朋友啦。妳不是在新加坡嗎？怎麼會跑到這邊來上班？」

她苦笑著說：「沒辦法，我欠的錢太多，很多人直接跑到舞廳討債，搞得大家很不愉快，乾脆換個環境。」

「妳現在跟阿敏怎麼樣？」

「嗯，」她猶豫地說：「他最近有好一點。」

「不會吧？狗是改不了吃屎的。」

「學長，你不了解他啦。」

「我不需要了解他，靠女人吃飯的沒一個好東西。」此話一出，我立刻就意識到自己摻雜了個人的情緒，說話稍微偏頗了點，於是趕緊換個話題：「對了，上次妳當的手錶、鑽石和戒指怎麼辦？已經到期好久了。要不然我再打個折扣，妳來拿回去吧。」

「其實，那些首飾都不是重點，」她低聲說：「我在雙連街買了一間房子，可是被小蔡拿去抵押……」

我聽得出來她不願擺脫蔡阿敏的控制，雖然心中同情，但是我更清楚她得自己想得開。日後我再也沒去光顧過，聽朋友轉述，小梅的日子每況愈下，我只能搖頭嘆息。

幾個月後，某天凌晨兩、三點，我正窩在櫃檯後的小床舖上打盹。睡夢中聽見有人叫著：「學長！學長！」

平時大家都叫我老闆，沒有人叫我學長，我以爲自己在作夢，翻身繼續睡。可是呼喚的聲音聽得眞切，肯定不是作夢。我醒過來揉揉眼，只見小梅臉上青一塊紫一塊地站在櫃檯前，臉上還有淚痕。

我驚呼：「妳怎麼了？跌倒了嗎？還是出車禍？」

「都不是啦，」她焦急地說：「我有急用，想要向你借五萬塊。」

「妳要用什麼借呢？上次那批流當品我都賣掉了，還虧了錢。」

「這……不管怎麼樣，請你一定要借我。」

「我不能無緣無故借妳五萬塊啊。當舖的規矩是一定要有抵押品，不然今天借五萬塊，明天再來借五萬塊，我不就沒底了嗎？」

小梅苦苦哀求，但是我堅持不讓步，她急哭了，搞得我手足無措。雙方僵持不下，末了我告訴她：「小梅，乾脆這麼辦；妳不要跟我借，我直接送妳兩萬塊，以後妳也不用還了，因爲這是我的原則；朋友有難，二話不說，兩萬塊。」

「可是兩萬塊不夠啊！」

「不夠我也愛莫能助，」我安慰她說：「看妳急成這個樣子，我實在很心疼，也替妳感到不値。要不進來喝杯茶，先順順氣？」

「我可以進去坐坐嗎？」

「當然可以。」

我沏了一杯熱茶，遞給她時才看清楚她的臉，我忍不住問：「哇靠，誰把妳揍成這樣？妳爸爸嗎？我記得他好像不在啦？」

她紅了眼眶說：「別提了，我不想說。」

「妳這麼說我就更生氣了，禽獸不如的渾蛋才會動手打女生。難道是妳欠錢被債主打嗎？」

這一問，小梅哭得更大聲了，她抽抽噎噎地訴苦：「都是小蔡，他在外面欠了一堆錢，債主一天到晚上門討債，我値錢的東西早已經被拿光了，今天他們逼我交出圖章，要把房子貸到三胎，我死都不拿出來，他們居然動手打我。還說今天要是沒有拿出五萬，別想見到小蔡了。學長，你能不能再幫幫忙？」

「這樣看來，我連兩萬都不能借妳，因為再多錢都解決不了問題。即使妳這次湊足了錢，要是明天他再跟妳討五萬，難道妳還是來找我嗎？如果拿不出來，還要讓債主揍妳一次嗎？妳要不要乾脆跟他一刀兩斷，這些麻煩不就結束了嗎？」

「你不懂，我曾經試著要跟他分手，可是分不了。」

我正色地說：「小梅，我真的搞不懂。我聽說很多有錢的大老闆對妳獻殷勤，也有不少有錢人家的公子想要親近妳，以妳的條件，天下的好男人任妳挑，怎麼會淪落到酒店上班呢？到底是什麼原因？」

小梅沉默了良久，娓娓道出自己的故事，語氣出奇地平靜，彷彿只是冷眼旁觀的陌生人。

「雖然我的家境不是非常好，不過我們三姐妹都長得很漂亮，所以從小到大格外受到男人的歡迎，大家都把我們捧得高高的。但是我很清楚，他們只是覬覦我的美色，我更清楚這張臉可以換錢。你知道嗎？我的第一個男朋友是中壢的小開，他對我很好，原本我們已經論及婚嫁，可是他的父母反對他娶外省媳婦，最後他給了我一大筆錢，當時我還不知道怎麼爭取幸福，只好傻傻地離開。

「之後我便離開中壢北上，輾轉到了台北，陸陸續續當了幾位有錢人的女友，每次分手總能拿到幾十萬。我仗著自己年輕漂亮，不怕找不到下個金主。日後，我也交過一些外省掛的男友，這些弟兄在眷村裡養成豪邁粗獷的個性，很能吸引年輕女孩。

「而當我到新加坡舞廳上班時，認識了同是外省掛的小開小蔡，小蔡往來的朋友都是一群很拉風的人，加上他在演藝界認識不少大哥級的人物，每回出門總是吆五喝六，氣勢非凡，我漸漸被他的男子氣概吸引，一頭栽了進去。但是萬萬沒想到，小蔡生性好賭，輸著輸著終於原形畢露，開始每天逼著我要錢。我不堪折磨，也試著想要離開他。

「但奇怪的是，我明知道他是一個爛人，卻無法離開他。直到有一天我終於發現自己的內心狀態，原來其實我心裡面是眞的不想伺候那些有錢人，因爲他們當我是一個高價買下的花瓶，舞國頭牌又如何？我只是這些凱子的洩慾工具。他們每多給我一筆錢，我想要洩憤的欲望就高了一分，所以我才會不由自主地用這些錢去買感情，這樣才能讓我感覺平衡一點。」

小梅平靜地說：「我當然知道小蔡爛賭，甚至花我的錢泡年輕女孩。可是我還是願意貼他，因爲他的嘴巴太甜了，你知道嗎？他可以在三分鐘之內讓我笑，也可以在兩分鐘之內讓我哭，我可以把多少人玩弄於股掌之間，只有他能完全制住我。」

「難道沒有其他讓妳清醒的辦法嗎？」

她苦笑著說：「十幾年來，我都在風塵裡打滾，現在人老色衰了，我也不知道下一步該往哪裡走，只能抓緊這一塊浮木。」

「但是那不是浮木，簡直是奪命符啊！妳自己看看，他害妳被打成這副德性，明天難保不會打得更慘。雖然我不怕做壞人，而且我在這一帶有些影響力，阿敏不敢動我，但是我只是個當舖老闆，頂多算是妳的學長，沒有立場替妳主持正義。就算我出面，也要妳心如鐵石才行，要是妳依然若即若離，誰敢幫妳作主？到最後只會人財兩失。聽我一句話，這五萬塊不要湊給他。」

我話已經說盡，但小梅仍是執迷不悟：「拜託你，今天務必幫忙，我眞的沒辦法承受小蔡不理我。」

我聽了感慨萬千，一位被上萬人當作女神的女子，竟然被一個不入流的小混混當成野草蹂躪。看來小梅是不會改變心意了，我想了想，打開抽屜，數了兩萬塊交給她說：「妳不用再拜託我，也不用還給我，這是我自己的原則，不會爲了任何人破壞。」

小梅欲言又止，最後默默地拿錢走進門外混沌的黎明。當時我還不知道，這是我最後一次見到她。

過了不到兩個月，我偷空在店門口抽菸，一位相熟的警察正好來簽守望相助的巡邏箱，我向他打聲招呼：「今天在忙什麼？」

「唉，中原街有人跳樓。」我聽了一驚，中原街剛好在對面巷子，接著問：「誰啊？怎麼會想不開呢？」

「不曉得，只知道是一個女孩。」我只覺一條大好的生命不見了，實在可惜。不過那廂客人上門了，這件事也就先被我拋到腦後。

當天晚上，幾個警察泡在我的店裡喝酒聊天，我隨口問起一位刑事組的管區說：「我聽說中原街有個人跳樓，那是誰啊？」

「喔，一個女孩啊，以前在舞廳上班。」

「啊？叫什麼名字？」

「聽說叫小梅。」

一時間，全場空氣凝結，席間幾位朋友的笑語逐漸遠去，我的視線一片矇矓，彷彿與世界隔了一層厚厚的膜。十分鐘之後，我逐漸回過神，四周空無一人，才發現所有朋友已經先離開了。

若干年以後，電視新聞曾報導過一位跟過某大老的小牌電影明星跳樓身亡，我沉默了十幾分鐘，因為在她還未出道時，我也曾在店裡見過她那尚未被社會染缸汙染的模樣。就好像我第一次碰到小梅時，她兇巴巴地潑了我一身水，但是無損她純眞善良的模樣。只是經過生活翻江倒海的洗禮，一朵出水芙蓉染上俗豔的色彩，最後落得跳樓一途。

日後，我曾在街上巧遇阿敏，他依然摟著漂亮的年輕辣妹，大搖大擺地在紙醉金迷的林森北路上晃蕩。而我的腦海總閃過一幕幕在火車上、在眷村裡與小梅相遇的記憶，過往的美好恍然如夢，轉眼都是一場空。古人說：「紅顏薄命。」我覺得紅顏並非注定薄命，而是紅顏在被人家捧上天時，沒有辦法尋回自己，即使依附上自認的大樹，卻不知只是一根浮木，注定漂流一世。

紅顏不只是外表，許多天賦異稟或是充滿抱負的男女都可歸類於此，雖然他們身懷遠大的志向，具備發光發熱的一切條件，可惜沒有機會接觸到貴人，或是不曾學習如何辨別好人，周圍環繞著只想利用他們的有心人士，最終因爲迷惘與執著，走上了不歸之路。彷彿一朵沒有人灌溉的鮮花，每個經過的人都摘走一片花瓣，還未等到凋謝，徒留光禿禿的花枝。令人無限地惋惜。

回想起過去許多懷才不遇的朋友，我常常忍不住想著，若是時光倒流，我給他們多一些支援，也許一切的悲歌將有更美好的結局。但是轉念一想，只要對方不願掙脫自己架上的枷鎖，我終究改變不了什麼。

門簾外的一個啓發

近四十年的當舖生涯，我也逐漸琢磨出一個心得：勇敢地活在當下，遇上能做的事，千萬不要猶豫；而面對不能做的事，也不要懊悔。

就像是，我從不後悔只借小梅兩萬塊，更不會後悔沒借她五萬塊，因爲前者是我能力所及，後者解決不了問題。我唯一感到惋惜的是，小梅在盛開的時候，若能碰上一個貴人，也許她早已飛上枝頭了。

相機裡的秘密

父親有一位住在臥龍街的老朋友，自從我們父子到台北創業開始便常常來店裡走動，我都稱呼他劉伯伯。國共內戰之後，劉伯伯就帶著兒子小劉跟著國軍部隊糊裡糊塗地逃出大陸，在台灣落地生根。

小劉出社會後，在電視公司找到一份好差事，一路爬到製作人的職位，非常爭氣。平時小劉對父親的生活起居也伺候得很周全，只是父子的個性十分相像，都很固執，爲了生活瑣事常鬧彆扭，有時兩人一賭氣，幾天不見面也是家常便飯。因爲劉伯伯的親友不多，心情鬱悶時便會找我抱怨幾句，我也習以爲常。

這一天下午，劉伯伯又到店裡來，我泡了壺好茶，招呼著老先生坐下來聊聊天。一如往常，劉伯伯開始數落小劉最近的言行舉止是如何任性，買了一間老先生不喜歡的房子云云，我聽了不以爲意，心想：「你們爺兒倆不吵架才奇怪呢！」只是劉伯伯講著講著，突然話鋒一轉：「嗣林啊，其實今兒來，是我這兩天急需一筆錢，找你想想辦法。」

這可有點稀奇，畢竟我認識劉伯伯幾十年了，他從沒找我當過東西。我耐著好奇心問：「大概需要多少呢？」

「六萬就夠用了，不過時間很急。」

「劉伯伯，錢不是問題，但您都八十好幾了，又不是做生意的人需要跑三點半軋支票，怎麼突然需要錢呢？難道是打牌輸了錢？」

「什麼打牌輸錢？劉伯伯我哪裡是這種人？我是最近想回大陸老家看看，空手回去不好看，總得帶點禮物，才來找你商量。」劉伯伯一面說，一面打開隨身的包包：「我把東西都帶來了，你看看值不值六萬？」

劉伯伯不停地從包包裡掏出各種物事，包含從軍時獲頒的勳章、幾件隨身的金項鍊和金戒指等等，其中還有一台最熱門的NIKON FM型單眼相機。我忍不住提出質疑：「劉伯伯，您又不拍照，這台相機是小劉的吧？」

「是他的沒錯，而且他寶貝得很呢。」

「既然是兒子的，您私下拿過來當，好像不應該喔。」

「哼，既然我是他老子，我拿來當也是理所當然。你放心，就算我不還錢，我兒子也會還！」

「哎，劉伯伯您這麼說就見外了。誰還都不重要，頂多我再打電話請小劉來還就得了。」

劉伯伯胸有成竹地說：「不必打，他自然會知道。」我聽了暗自覺得好笑，心想：「是啊，相機被您當了，小劉能不來嗎？」

於是我點了六萬元，連同當票交給劉伯伯。老先生把東西往包包裡一塞，瀟灑離開了。

一個多月過去了，還沒等到劉伯伯出現，倒是他兒子小劉先跑來了。因爲他在家找不到心愛的相機，卻在一陣翻箱倒櫃後找到一張當票，所以趕緊上門贖當。小劉一邊反覆檢查相機是否完好，一邊問我：「秦老弟，最近我爸爸有沒有來過你這裡？」

「除了一個多月前來當東西，我再也沒見過你爸爸了，他不是說要回大陸嗎？」

「唉！前陣子我老爸胃痛，我帶他去台北醫學院檢查，醫生說是胰臟長了東西，情況不妙，老頭子大概看出醫生的意思，打那起一天到晚吵著要回老家。但我怕他身體經不起折騰沒答應，誰知道他竟自籌路費，拍拍屁股走了。其實跟我講一聲就好，幹嘛把我的相機拿過來當？老人家眞是年紀愈大，個性愈古怪……」說著說著，小劉竟也開始抱怨起爸爸的頑固，口氣跟劉伯伯如出一轍。

我心想：「你們眞不愧是父子啊。」不過小劉不像劉伯伯話多，隨口念了幾句，氣消了後便拿著相機回家。

第二天，小劉竟又拎著相機上門來。我直覺以爲是照相機出了問題，誰知他從懷裡掏出一張摺了又摺的紙條問我：「秦老弟，這張紙條是你寫的嗎？」我接過來仔細一看，摺痕猶新的十行信紙上有著原字筆畫著歪歪扭扭的圖案，唯一可以辨識的只有「六張犁」三個字。

我皺著眉說：「這不是我寫的，你在哪裡找到的呢？」

「今天我準備裝底片，一打開相機背蓋就看到這張紙條。如果不是你放的，會是誰呢？」

「劉哥，你看看上面的字跡，是不是你爸爸的筆跡？」

小劉仔細一瞧，點頭道：「對啊，這是我爸爸的筆跡，不過他爲什麼要把字條留在我的相機裡？」

我們推敲了半天，還是猜不出劉伯伯的用意，更想不到他身在何方，最後小劉嘆了口氣，帶著滿肚子疑問回去了。

又過了一個多禮拜，小劉突然打電話給我，凝重地說：「嗣林，有一件重要的事情得找你問問，麻煩你來我家一趟。」我聽他的語氣十分認眞，沒有多問便立刻赴約。一進小劉家客廳，除了他之外，沙發上還坐著一位穿著運動衫和牛仔褲的矮胖男子，衣服上還沾著許多洗不掉的灰泥。

小劉一見我就說：「嗣林，我爸爸曾經跟你提過要幫朋友蓋墓嗎？」

「什麼？蓋墓？他不是去大陸了嗎？」

「我也弄不清楚，這兩天跟大陸的親戚聯繫，可是沒人見到我爸爸。反倒是這位刻墓碑的師傅剛剛來按門鈴，說我爸爸前一陣子說要幫朋友蓋墓，把工程包給了他，還交代他今天來跟我收工程的尾款。」原來旁邊那位先生就是那位打碑的師傅。

小劉話剛說完，這位師傅跟著也點點頭說：「對啊，那個劉老先生說的地址就是這一間，你什麼時候要付錢啊？」我跟這位師傅再次確認了事情的始末，實如小劉所言，只是工程並非劉伯伯的專業，怎麼會有人找他監工呢？於是我又問：「你幫劉老先生蓋的墓在哪邊？」

「很近啦，六張犁公墓。」

咦？相機裡的紙條不就寫著「六張犁」嗎？我和小劉對望了一眼，立刻就抓起鑰匙跟師傅說：「帶我們去看看吧。」

雖說是大白天，但想到要去公墓，我和小劉多少心裡毛毛的，但這位師傅卻毫不介意，領著我們在墓園裡四處穿梭。繞了二十分鐘，他指著一個新墳說：「劉老先生請我做的墓就在這裡。」

我們轉頭一看，上頭赫然刻著劉伯伯的名字，旁邊一行還用較小的字體註明「孝男劉○○立」。我和小劉看了差點昏倒，怎麼平白無故跑出一個劉伯伯的墳呢？這時小劉恍然大悟地叫了一聲：「我知道了，原來是這件事！」

「什麼事？你說清楚點。」

「哎呀，前一陣子我爸爸生了場病，那一陣子他不斷吩咐我：『我可警告你，我怕痛，要是我有個三長兩短，絕對不能火化，一定要土葬。』當時我跟他說：『別說這種不吉利的話，您想太多了。』可是他堅持要我發誓。我看他說得認眞，只好安撫地說：『放心，萬一眞有那麼一天，我肯定照著您的意思辦。』

「誰知我爸爸冷冷地說：『哼！憑一張嘴隨便說說誰不會？到時候你這個不孝子眞把我燒了，我可拿你沒辦法。』我聽到一陣光火，忍不住跟他槓了起來。原來他只是怕我違背他，所以乾脆先把墓蓋好！嗣林，你看他是不是跟小孩子一樣啊？哈哈。」

原來事情的始末是這樣，我聽著也跟著笑了，正當我們鬆一口氣，正準備下山時，一直沉默的師傅卻說話了：「不對喔，當初劉老先生來刻墓碑的時候，除了指定交貨的日期，還反覆交代：『你去黏墓碑的時候，墳地上會放著一口棺木，你先幫忙把棺木推進墓穴，再黏上墓碑，之後去找一位劉先生收尾款就好。』

「後來我施工的時候，墓地上眞的擺了一口棺木，抬進墓穴時還可以感覺到人的重量。所以裡面肯定有人，到底是埋了誰？」

他的話剛說完，一陣冷風吹過，吹得小劉和我不知所措，愣愣地望向墳頭，究竟棺木裡躺的是誰呢？對望了半晌，我打破沉默：「劉哥，乾脆找人打開來看看。」小劉愕然地說：「有必要嗎？」我說：「非開不可。」

我們快步下山找附近葬儀社的員工幫忙，幸好這些人膽子特大，聽說要開墳，沒問什麼便抄起傢伙跟我們上山。一夥人又敲又打，先卸下剛黏好的墓碑，七手八腳地從墓穴裡抬出簇新的棺木，棺材蓋分成上下半身兩截，都沒有上釘子。一夥人抓著棺材蓋邊緣，就等著小劉下指令。小劉點點頭說：「開吧！」

大家同時使力往上掀，小劉和我往棺木裡探頭一看，裡面躺著一位氣絕多時的老人，這不是劉伯伯是誰呢？師傅喘著氣大叫：「對啊，來找我施工的人就是他，怎麼他會自己躺進棺材裡？」

小劉跌坐在地上，喃喃地說：「爲什麼會這樣？」我在旁邊同樣嚇傻了。所幸葬儀社的人見多識廣，情緒非常鎮定，給了一個最中肯的建議：「打電話報警。」

當地的管區聽說這裡出了人命，馬上效率十足趕到現場，只見棺材裡躺著老先生，旁邊的我和小劉驚魂未定，還有幾個彷彿事不關己的大漢。員警問及事由，我們輪流交代自己知道的事實，卻都卡在一個關鍵問題：「老先生怎麼爬進去的？」

警察聽了我們的說詞自然不相信，直問：「你們的意思是，這個老先生自己爬到棺材裡？還把自己埋起來？天下哪有這種事情？都跟我去警察局一趟。」

最後，老先生的遺體被送去驗屍，警方還找來墓地管理員、棺材店老闆等關係人，所有人經過反覆詰問，對照驗屍報告中老先生是服用安眠藥過量而死的結論，才拼湊出驚人的眞相。

原來，劉老先生帶著從我手上拿到的六萬元和自己存下的老本，假借幫朋友辦後事的名義，先買了一塊墳地；接著找到墓碑師傅設計墓園和刻碑，先支付訂金，還特別囑咐一定要在指定的日期抵達，先把棺木安置好，再把墓碑黏上。當時師傅曾問：「爲什麼一定要那一天？我早點去不行嗎？」老先生立刻胡謅了一個理由：「非那天不可，這是我們外省人的規矩，早一天晚一天都不行！」臨走前留下了小劉的聯絡方式，交代他找小劉收取尾款。

最後老先生再到了棺木店，選了自己喜歡的款式，吩咐棺木店老闆在立碑的前一個禮拜將棺木直接送到墳地。老闆不解地問：「怎麼會直接送到墳地？不是應該送到家裡嗎？」劉老先生繼續瞎掰：「哎，我的朋友孤家寡人一個，住的是違章建築，送他家裡沒人看著，而且坪數太小，棺木放不下。雖然我幫他的忙，但總不能放我家吧？反正你時間到了就把棺木送去，放下後什麼也別管。」說完便付錢走人。

這麼一來，所有的東西都就位了。跟據墓地管理員的證詞，自從棺木送到之後，常常看到劉伯伯在墓園裡出沒。大家推測劉老先生是再找機會練習如何從棺材內部關上蓋子。等到黏墓碑的那一天，老先生好整以暇地爬進棺材裡，闔上棺材蓋，喝下預藏的高粱酒、安眠藥，等待魂歸西天。再由不知情的碑工將他送進墓穴，黏上墓碑，完成了自己一手包辦的後事。

至於藏在相機裡的紙條，其實上頭畫的是六張犁公墓的簡易地圖，還標註了墓地的位置，這當然是劉伯伯在當照相機之前便藏好的，也是給小劉的最後線索。因爲他深知小劉因工作需要一定會贖回相機，只要他打開背蓋，便能發現墳的位置。只可惜他畫得太潦草，我和小劉實在看不出個所以然。

不過爲了以防萬一，聰明的劉伯伯也安排了第二個線索，便是找小劉收尾款的墓碑師傅。只要他一出現，小劉自然會開始追查整件事情，終能發現劉伯伯的下落。

當警察問小劉：「你爸爸爲什麼花了這麼大的工夫包辦自己的後事啊？」小劉只能苦笑地說：「因爲他怕我忤逆他的意思，把他給火化啊。」

劉伯伯爲了貫徹自己的堅持，想出一連串的妙計，讓兒子沒有插手後事的餘地，這跟許多從大陸來台的老兵心態一樣，萬事自己打理，用人定勝天打出一片天下，再用不留一片雲彩的方式悄然而逝。就像六張犁公墓裡數不盡的老兵墳丘一樣，劉老先生的墓沒給任何人添麻煩，在他知道來日不多的時候，動手自我了斷，在動盪的大時代裡，這是維護尊嚴的一種方式，只是這種方式卻留給了自己兒子無比的遺憾。

門簾外的一個啓發

在典型的中國家庭裡，父母與子女的親子關係往往長尊少卑，尤其是父子，難得可以深入交流，只憑藉著道德倫理而相處。隨著時間拉長，原本的命令式溝通，最後往往會變成是兩個人唯一的一種相處方式，最後難免抱憾而終。任何事都是需要練習的，親情的表達也是，愛面子講味道更是一道難解的題，因此在還來得及的時候就要一起學著表達，才不會成爲一輩子的痛。

愛情上校

我的當舖經常扮演起鄉里聯絡站的角色，無論是附近的管區員警、修水電的師傅，還是送瓦斯的鄰居……只要每天一有空，統統窩在我的店裡扯東扯西，從來都不缺人氣。

幾個常來聊天的朋友都知道，其中有一位我在信義國中念書時的學弟就住附近，三不五時他就會來串串門子，偶爾當個手錶、金戒指換點零用錢。認識他的人都稱他一聲「上校」，不過這個稱號跟軍人無關，而是跟他過人的事蹟有關。怎麼說呢？因爲他老兄梅開三度，轟轟烈烈地結了三次婚。按照部隊軍階，集滿三顆梅花便官拜「上校」，原本他的綽號是「大俠」，不過自從他第三次結婚之後，所有人一致改口尊稱他爲「上校」了。

大俠的個子高大挺拔，平時在台北縣當公車司機，生平無大志，就是喜歡交女朋友，而且他眼光獨到，專挑年輕女孩。好比他二十七、八歲時，交往的對象清一色是十七、八歲的小女生。甚至有一回朋友聚會時，他帶了一個新女友出席，我們幾個怎麼看都覺得那是一位國中小妹妹，招來大夥兒一陣調侃，逼得他要女友拿出身分證證明已經成年，我們才放過他。

雖然大俠的女友多如過江之鯽，但是從沒聽過他打算成家，每當有人問起，他總是故作瀟灑說：「選擇太多，不知道該挑哪一個。」

但是知情的人都曉得，大俠雖然風流倜儻，卻有一個致命的弱點就是：他對女孩子十足殷勤，不過見一個愛一個，因此常常挨女生揍。有一回我經過長春路，看見路旁有一個嬌小的女生，拎著安全帽惡狠狠地猛砸一團物事，起先我以爲被打的是一條狗，走近一看才發現是一個抱著頭蜷縮在地上的男子。女孩子打得兩眼冒火，絲毫沒有停手的意思，再仔細一瞧，怎麼看起來挺面熟？咦？這不是大俠的女朋友嗎？再往下一看，挨揍的人果然正是大俠。

不過當下我並沒有出面阻擋，因爲清官難斷家務事，更何況是那種景況更是不好介入，只好趁他們沒發現，先溜再說。沒隔幾天，就遇到了鼻青臉腫的大俠，我問：「上回我看到你女朋友在路邊揍你，怎麼你都不抵抗呢？」

他雙手一攤說：「怎麼抵抗，這我可沒學過。」

「拜託，抵抗還要學嗎？到底她爲什麼扁你？」

大俠東拉西扯了一堆委屈的理由，我聽了老覺得不對勁。等到一、兩個禮拜之後，我在街上巧遇了大俠的女朋友，當下心裡很想問個清楚，卻覺得尷尬，於是拐彎抹角地問：「妳最近跟大俠怎麼樣啊？」沒想到女孩子倒是「哼」了一聲，冷笑著說：「我們早就分手了。」

「是嗎？那麼上回妳幹嘛當街揍他呢？」

她餘怒未消地說：「他前一天晚上以爲我不在，偷偷帶了一個女生回家，沒想到一開門看到我。你知道嗎？他竟然一句話都沒說，立刻轉身逃跑，把我和那個女生留在房間大眼瞪小眼。第二天，我騎摩托車出門，好死不死正好遇到他，你說我該不該揍人？該不該分手？」我聽了啼笑皆非。

又有一回，我們看到大俠一臉狼狽，手臂也布滿抓痕和瘀血，大家問他發生什麼事？大俠訕訕地說：「別提了，昨天帶女朋友去看電影，誰知道在戲院門口遇上前任女朋友，她愛吃醋，見不得我牽著其他女孩子，所以扁了我一頓。多虧我修養好，從不還手打女人……」

大夥兒聽了皆嗤之以鼻：「什麼修養好？就算眞的碰到前女友，也不至於扁你。你一定是暗地裡劈腿卻被『現任』女友活逮，當場兩個女的都成了『前任』啦！別人是桃花不斷，你是桃花劫不斷啊！」

不過看似如此花心的大俠，終於也有定下來的時刻。在他三十四、五歲時，突然有一天竟鄭重地向我們宣布：「我要結婚了！」對方是跟大俠同一間公司的車掌小姐，才剛剛從高職畢業，兩人認識還不到三個月，可是愛火一發不可收拾，決定閃電結婚。大俠的爸爸爲了慶祝他成家，還幫小倆口買了一間房子。大夥聽了差點下巴脫臼，只差沒放鞭炮慶祝，但是多少還是有些擔心，畢竟女方還不到二十歲，過去的慘劇難保不會發生。

我們的擔心果然應驗了。新婚才沒多久，有天大俠到店裡來聊天，只見他頭上和手上包紮了一團又一團的紗布，我們忍不住問他：「你是摔車還是整形啊？」原本大俠死活不講，最後禁不住大家一再追問，終於才說：「昨晚睡覺睡到一半，我老婆拿木棍把我揍了一頓。」

「平白無故怎麼會揍你呢？」

大俠一臉懊悔地說：「都怪我下班喜歡跟朋友喝兩杯，沒回家陪太太。先前她念過我好幾次，可是我沒放在心上。直到前兩天又因爲喝酒晚回家，我太太氣不過，才狠下心把我打得頭破血流。」

我想他肯定在胡扯，大俠是個身高一百八的大漢，他太太一百六十公分都不到，怎麼可能被揍成這副德性？八成是他在外頭做了什麼壞事，被仇家扁了一頓，爲了面子才藉口是家暴。第二天，大俠的爸爸也到店裡串門子，我們問伯父說：「大俠怎麼沒一起來呢？」

他爸爸揮手說：「別提了，那個小子前天被他太太打得好慘啊！」這才證實大俠眞的被家暴。大俠爸爸接著又說：「這小子活該，前天晚上他說夢話，竟然叫了別的女人的名字，你說他太太該不該動手？」

又過一陣子再遇到大俠，我們還是忍不住又問：「你太太那麼嬌小，就算她拿棍子打你，隨便一奪就搶過來了，或者你隨便躲一躲都沒事，爲什麼這麼老實地挨打呢？」

誰知他老兄竟露出聖潔的表情說：「我實在不捨得讓她生悶氣，如果她可以打得開心，這不也是一種奉獻嗎？」大夥兒聽了差點沒昏倒。

因爲大俠工作時間長，日子一久，他太太在家裡閒得待不住，便開始出門跟朋友唱歌跳舞。加上她年輕漂亮，玩久了不免認識新朋友，回家的時間愈來愈晚，到後來大俠還得常常出門找老婆。

有一回，太太一出門就是兩天沒回家，這天大俠才正準備要上班去，突然有個朋友通知他：「我見到你太太正在桃園跟一個男人吃飯，兩人有說有笑，你趕緊來一趟比較保險。」大俠思妻心切，顧不得上班，竟開著公車從台北縣直奔到桃園，大剌剌地把車停在餐廳門口的紅線上，進門跟太太談判，這一談就是四、五個鐘頭。

當地的居民見了公車好生奇怪，打電話到客運公司投訴：「你們台北縣的車怎麼開到了桃園來？還占了好幾個店面的位置，別人不用做生意嗎？」客運公司連忙派人去把車開回總站，公司主管暴跳如雷，原本要直接開除大俠，後來還是我去幫他求情，最後才罰錢了事。事後我們直呼離譜，他還是癡情地說：「沒辦法，我沒有老婆就活不下去啊。」

日後，他太太嫌在家待著太無聊，堅持要搬到桃園工作，而疼老婆的大俠為了維持表面的和平，還幫她租了房子，甚至為了支付她玩樂的費用，不時到我店裡當些東西。身為他的朋友，我們只能關心他，但也愛莫能助。直到有一次，他又全身是傷上門來，我們忍不住揶揄他：「又被老婆打了對不對？」

「是啊，我去請我太太回家，她不肯，我只好跪下來拜託她回去。但我太太還是想趕我走，拿衣架又戳又打的……」

「你一個大男人被太太這樣修理，實在太丟臉了！而且你根本沒做錯事啊！」

「她也沒做錯事，只是交了一些壞朋友。」見他如此袒護太太，我們也說不下去了，但心裡卻暗暗覺得不妥。

果然，過不了三個月的時間，兩人真的離婚了。大俠好人做到底，連房子都留給了前妻。雖然落了個人財兩失的下場，但我們幾個哥兒們卻反而大肆慶祝，恭喜他脫離家暴苦海。他總結這三年來總共被揍了二十幾次，驗傷單疊起來簡直要跟小說一樣厚。也幸好，大俠就是不缺女朋友，因此不太需要時間療傷止痛。

事後我們鼓勵他：「以後你最好不要結婚，萬一要結，找個年紀跟你差不多的，免得舊事重演。」

誰知他竟還是信誓旦旦地說：「萬一要娶，當然還是要挑幼齒的啊！起碼我老了以後，我太太還是很年輕漂亮。」

而原本以為他剛離了婚，會樂於享受單身生活，沒想到才一年的光景而已，大俠又發喜帖了。這次的對象雖然較上一任稍年長點，但是也只不過二十二、三歲。宴客時，我們一夥人才初次見到新娘子，大家一致認為這位太太看起來溫柔體貼，這回大俠肯定有好日子過了。

大俠的爸爸更開心，又幫他買了一間房子。大俠也為了帶太太去蜜月旅行，來當了不少東西，我刻意提高價錢，希望小倆口能玩得開心一點，大俠拿著一疊鈔票，歡歡喜喜地出門去旅行。

過了一、兩個禮拜，我們估計蜜月旅行差不多結束了，卻老是不見大俠的蹤影，幾個朋友耐不住性子，於是打了電話要他來聊聊天，但他總是推託，一下子說工作太忙、一下子說不方便，搞得大家一頭霧水，就是不肯露臉。幾天後，剛好他爸爸又來串門子，我們抓住機會開口便問：「大俠最近在忙什麼？怎麼都不見人影呢？」

「忙什麼？他被太太打傷啦！」

什麼？又被打？我們不可置信，趕緊打電話逼他現身說個分明。等到大俠推開門，只見他渾身青一塊紫一塊，模樣實在滑稽。我們邊笑邊問：「你是去蜜月旅行還是華山論劍呢？」剛開始大俠還藉口自己不小心滑了一跤，但是愈說漏洞愈多，最後終於還是和盤托出：「蜜月旅行時，我跟一個檳榔西施隨口聊了幾句，聊著、聊著，彼此覺得非常投緣。所以我趁著太太午休的時候，偷偷溜去跟她見面。誰知道我太太一開始就發現我們兩個眉來眼去，所以根本是假裝午休，其實暗地跟蹤我。結果你們一定猜得到，她當場抄起板凳揍人，把我的腦袋都打破了。」

他說得一臉委屈，我們可是沒好氣地說：「你眞該被揍啊！連蜜月這幾天都忍不了嗎？」

「別擔心，事後我太太先向我道歉，保證以後不會再動手。」

說歸說，但大俠可沒有要收斂拈花惹草本性的意思。婚後他太太在西門町經營女裝店，大俠若是沒排班，也會到店裡幫忙招呼客人。有一回太太去批貨，留下大俠一個人顧店，碰上一位辣妹上門挑衣服，兩人沒聊幾句，大俠就把辣妹逗得咯咯嬌笑，眼看已經談出火花來了，好死不死此時他太太正巧回到店裡被當場活逮，氣得立刻就把鐵門拉下來，接著就是用皮包劈頭蓋臉地揍了大俠一頓。

等到打累了，趁著她去上洗手間的空檔，大俠才趕緊打電話向我們報地址求救。我們一聽兄弟有難，同時也抱持著看笑話的心情，一群人就浩浩蕩蕩出發救人去。一到店門口，幾個人先是合力拉起鐵捲門，門才離地半個人高，就見大俠像狗一樣夾著尾巴逃出來。事後我們問他：「怎麼辦？這個太太比上次的還狠！」

「不怪她，都是我自己的錯。以後遇到漂亮女生，我不去搭訕就天下太平了。」

一年後，夫妻倆生了個孩子。原以爲有了小孩，夫妻的關係會更穩定，只是兩人生活與理財的態度差異實在不小；他太太喜歡做生意，所以營業時間愈拉愈長；而大俠開完車後沒事可做，經常抱著小孩到處串門子，有時不小心就串到女性友人家裡，回家後孩子就會天眞地跟媽媽報告：「今天爸爸到阿姨家玩。」太太聽了，自然饒不了大俠，因此我們也逐漸習慣大俠帶傷出現。

此外，太太也很喜歡買房地產，三天兩頭逼著大俠拿錢繳貸款，大俠時常捉襟見肘變成了當舖的常客。在多重因素之下，他們兩人婚姻的鴻溝愈裂愈大。

有一天，壓垮駱駝的最後一根稻草終於出現。大俠的學妹向他開口借三萬元，但是大俠的錢統統上繳太座了，身上哪有閒錢呢？他左思右想，居然把學妹帶到我的店裡，當場解下隨身的金項鍊，表明要當三萬元。我聽了前因後果，連忙阻止：「要不要再考慮考慮？萬一晚上回家時沒戴項鍊，你太太不會生氣嗎？」

他竟拍拍我的肩膀說：「放心，只要你我不說，她怎麼可能知道呢？」

「你不怕你太太動手打人嗎？」

誰知道旁邊的學妹聽了，一臉不屑地說：「什麼？你還被老婆打啊？娶這種太太乾脆離婚算啦。」

「拜託，妳是他學妹，人家還要借錢給妳，這麼說太缺德了吧？」接著我轉頭勸大俠說：「聽我的，千萬別當。」

可是當下大俠僅存的男性尊嚴，可不能讓學妹瞧不起，於是用力拍拍胸脯大聲地說：「學妹的忙我一定要幫，有事情算我的。」我看勸說無效，只能從善如流，心想這回肯定又是一場腥風血雨。

果不其然，當天晚上不到十點，求救電話就響了，只聽到大俠在電話那頭苦苦哀求：「拜託、拜託，項鍊可不可以先借我？但是千萬別說是我當的。」當下我好生爲難，實在不想壞了當舖的規矩，但是，一來大俠的信用紀錄始終良好，從沒流當紀錄；二來是萬一他太太火大了又開扁，大俠鐵定要掛急診。左思右想後，還是決定先把項鍊給送過去。

不過，雖然人命關天，但我還是覺得不要介入他們的家務事比較妥當。考慮了半天，突然想起店裡的一個伙計也是大俠的同學，乾脆派他帶著項鍊深入戰場不就得了。

因此我趕緊取出項鍊，交代他趕緊去搶救大俠。

但伙計前腳才一出門，問題又來了，項鍊是拿過去了，可是我抓破腦袋都掰不出一個合理的解釋。項鍊在學長手上，而學長正好是當舖老闆，要說沒當誰信呢？難不成要說今天去當舖聊天，順手把項鍊拿下來擱在桌上，回家時忘了戴，只好請同學送過來？這麼說同樣不合理，這得再想個好的說法才行。

正當我還在為此事傷腦筋時，突然就見到大俠和伙計狼狽不堪地闖進門，而且帶傷的不只是大俠，伙計身上的擦傷也不少，我連忙問：「怎麼兩個都掛彩了？摔車了嗎？」

伙計忙不迭地說：「被他老婆打的。」

「你不是把項鍊送去了嗎？怎麼連你也揍？」

同學兩人你一言我一語，終於拼湊出方才的故事情節：一開始是太太發現大俠的項鍊不見了，立刻喝令他跪下坦白，但是大俠打死不願說出實情，希望先拿到項鍊後再設法混過去。好不容易盼到項鍊送達，他太太又扠著腰喝問：「為什麼項鍊在你手裡？」

誰知道伙計是個沒心眼的人，竟然毫不設防地回答：「因為他下午拿來店裡當了三萬元，可是聽說妳不高興，老闆只好叫我先送過來。」

此話一出，只見太太雙眼冒火：「為什麼要當三萬塊？」

大俠當場差點沒暈過去，連忙向同學使眼色，可惜兩人默契不足，伙計依然老老實實地說：「借給他學妹啊。」

話音方落，半空劃過一道銀光，「啪嘰」砸中大俠的腦袋，伙計還沒反應過來，銀光又「啪嘰」一聲轉劈伙計的臉上。他太太竟掄著炒菜鏟夾頭夾腦地把兩人海K了一頓，於是兩位難兄難弟只好落荒而逃。眼看是有家歸不得了，今天只得先在我的店裡委屈一晚。

我連忙找出醫藥箱讓兩人擦藥，他們一面裹傷，我一面問大俠：「你有沒有想過爲什麼結了兩次婚，都被太太打呢？」

「唉，其實這兩個女人我都很愛，只是我有時跟別的女人講話沒分寸，我自己認爲沒關係，可是忘了太太在場，她們當然醋勁大發。」

「你這不是賤骨頭嗎？以後只要太太在場，你盡量不要招惹什麼鶯鶯燕燕的，否則還是得挨揍。」

他搖搖頭說：「做不到，我的個性就是這樣。」

想當然耳，大俠的第二次婚姻仍然以離婚收場。這一次我們照樣幫他擴大舉行了一場散夥宴，大夥兒吃吃喝喝，好不熱鬧。酒酣耳熱之際，大家一致建議：「大俠，拜託你千萬別再結婚了，否則我們又要吃一次喜宴，又要包紅包，最後少不了又要吃散夥宴，算一算眞是麻煩。你還是繼續交女朋友，遇到好的對象乾脆同居，但是千萬別再做傻事。要不你現在立下軍令狀，不要再害我們了。」

雖然是口頭上說笑，但其實大俠心裡也很明白，閒雲野鶴的生活最適合自己，因此不到兩個月，他又意氣風發地摟著新女朋友出現在朋友的聚會裡。接下來好長的一段時間，大俠身旁的女伴來來去去，但是我們再也沒聽說他有成家的打算。

一直到了民國九十五年的時候，大俠突然帶了一位大家沒見過的女孩子出現，而且年紀比他大了五、六歲。由於大俠向來喜歡年輕的女孩子，所以我們大家自然都沒有往男女關係聯想，只當他們是普通朋友。等到女方第二次來參加我們的聚會時，大家才開始覺得事有蹊蹺，於是連番追問大俠：「從實招來，這個女孩子是什麼人？」

他一派輕鬆地說：「沒有啦，只是朋友的姐姐。」

「朋友？男的朋友，還是女的朋友？」

「這……是我女朋友的姐姐。」

「什麼？連女朋友的姐姐都可帶出來，你有沒有搞錯？」

「我女朋友最近比較忙，而她姐姐剛好放假，先前大家見了幾次面，彼此還滿聊得來，所以約她一起出來。不是你們想的那一回事，她已經結婚啦。」

「這樣更奇怪啦！你不但帶女朋友的姐姐出門，還是別人的老婆，難道她先生都沒意見？」

大俠聽了倒是滿不在乎地說：「他們分居很久了。」

既然是私事，我們也不好意思多問，只見日後大俠常常和這個女孩子同進同出，原先的女朋友竟沒再出現過。而在見了幾次面之後，我們也慢慢了解這個女孩的背景：她任職於金融業，工作能力很強，而且個性成熟穩重。這跟大俠過去喜歡的蹦蹦跳跳的小女生天差地遠，不過兩人的互動卻意外地契合，看得我們一頭霧水。

有一天大俠突然問我：「秦哥，我真的很喜歡這個女孩，對方也很喜歡我。可是她還有婚約，這樣是不是不太對？」

「你終於良心發現了，這種事情真的要好好考慮考慮。」

「所以我才來找你，能不能麻煩你一件事——」

沒等他說完，我趕緊搖頭拒絕說：「不可以！你的事很難處理。上次你半夜被老婆罰跪，連好心去救援的同學都被波及。別提了，我幫不了。」

可是他連忙說：「可是除了你以外，別人都幫不上忙。」

接下來無論我如何拒絕，他始終不放棄。我被纏得受不了，只好讓步說：「那你先說說看是怎麼回事？」

原來女方遇人不淑，她先生婚後從沒拿過一毛錢回家，時常花天酒地、四處賭錢，兩人已經分居一年多了，婚姻名存實亡。女方想離婚，男方抓準女方的弱點，不但避不見面，還開出鉅額的離婚條件。

我聽完大俠的描述之後，沉吟了一會兒說：「光聽你講的不準，我得聽聽你女朋友的說法。」

過了幾天，兩人一同出現，我跟她描述了大俠所說的狀況，她點頭證實說：「是啊，他不但不負責任，還利用我的人脈關係到處借錢，捅了很多婁子，搞得我跟親友的關係不好，還要四處替他還錢。最不堪忍受的是，他跟我要錢，我如果稍有難色，就會換來他一頓拳腳。」

「妳的遭遇跟大俠同病相憐，雖然妳先生對妳不好，但是畢竟還有夫妻的名分。妳現在跟大俠在一起，會不會良心不安？」

她搖搖頭說：「一點也不會，我先生在外面也有其他女人，我們早就貌合神離，只差沒辦手續，但是他居無定所，沒人找得到。我聽大俠說你的主意多、人面廣，所以才請你幫忙。」

我連忙搖手說：「拜託！哪有人願意幫忙拆散婚姻啊？這種事我可不幹。」

大俠說：「秦哥，當然不是讓你出面，只是請你出個主意，要怎麼處理比較合適。」

我禁不住兩人一再要求，只好勉強答應。我問女方說：「在妳的親戚朋友裡，妳先生最怕誰？」

她想了想說：「我哥哥。因爲他在菜市場賣菜，講話很大聲，最能鎭得住他。」

我說：「辦事的人出現了，就是妳哥哥。現在只要找出妳先生在哪裡，再讓妳哥哥出馬就搞定了。妳先回去請哥哥待命，我幫妳找人。」

我開當舖幾十年，認識不少徵信業者，因此我打電話給一位在徵信業赫赫有名的李先生，把背景資料說了一遍，請他幫忙查一查。不出兩個小時，李先生便查出此人在土城的住所，我趕緊通知大俠，請他開車載著女朋友和她的哥哥出面談判。事後聽說，男方不僅外表英挺帥氣，口才也相當流利，由外型觀之，實在不像不負責任的丈夫。但是一談到離婚，他馬上獅子大開口，非要三百萬才肯簽字，結果女方的哥哥拍桌喝斥，大罵男方負心缺德，他一看到大舅子凶神惡煞的模樣心生畏懼，三百萬立刻縮水成三十萬，離婚手續順利完成。

事情落幕不到一個禮拜，有一天大俠喜孜孜地通知我們他要結婚了。我半開玩笑半認眞地說：「你梅開三度，所以我們既不會參加喜宴，未來也不會幫你辦散夥宴了。而且你經驗豐富，所有結婚的手續請自理，別再找我們幫忙。從今以後，你的外號要改成『上校』。記得，千萬不能再離婚，否則你就要晉升『少將』了！」

上校一輩子尋尋覓覓，始終在較爲幼稚的女性裡打轉，可是恰巧他自己本身也是一個不善於自我管理的人，因此時常淪爲伴侶的出氣筒；而他的第三任太太同樣陷入所託非人的錯誤中，她的男人帥氣十足，很會說甜言蜜語，婚後才發現是一個表裡不一的人。這兩人都是因爲擇偶觀念錯誤，所以前半生的婚姻都以失敗收場。

可是萬萬沒想到，兩個錯誤的人碰在一起，竟然碰出了對的結果。原來上校需要的不是一個成天撒嬌的小女生，而是成熟穩重的女強人；而大俠也正好是一個願意被她所控管的小男人。因此兩個天涯淪落人才會兜了一大圈之後，成爲天作之合。

現在上校成天吹著口哨四處溜達，太太常常塞給他幾萬塊當零用錢，上校再也不用爲了小錢上當舖週轉，還常自誇：「我從出氣筒正式升格爲寵物啦。」

我們幾個朋友也一致看好，他的第三春一定長長久久。

門簾外的一個啓發

婚姻實在很奇妙，童話故事的結局總是「王子和公主從此過著幸福快樂的日子。」可是現實生活往往不是如此，得經過無數的掙扎和試煉，磨去年少無知和錯誤的幻想，才能擁有一份眞正幸福的感情。而婚姻是「適配」比「喜歡」爲重要，有互補的引力才能夠把「錯誤」變成「正確」。

阿雀姨的秘密

阿雀姨是一位出手大方的醫生娘，夫家姓李，在台中開業，但每隔兩、三個月她都會上台北探親訪友，順便到我店裡買一些流當品，偶爾也會帶著近期買下的精品來鑑定，舉手投足間流露出大家族裡的長輩特有的溫暖。在我和同仁的眼中，阿雀姨是一位富態而和藹、處事充滿智慧的貴婦。

連續十幾年，她時常來光顧，不時聊起家裡的瑣事，好比兒子接下了父親的診所，表現一樣優異云云。雖然阿雀姨常來買首飾，但是我卻從沒見過她戴著戰利品出門。有幾次我好奇地問：「阿雀姨，從沒見您戴過任何一樣珠寶，買了不戴不是很可惜嗎？」

她總是笑著搖搖手說：「現在沒什麼重要場合需要戴啊！再說外頭治安不好，戴出門太危險了，還是收在保險箱裡比較安全。」

話雖如此，但阿雀姨還是不斷地購買。不過，比她會買的富太太比比皆是，她們購物的目的不在於實用性和價值，只是爲了生活的調劑，我倒也沒特別留意。

有一次，阿雀姨帶了幾樣珠寶請我們估價，每一樣都是過去我們賣給她的珠寶，評估起來自然容易許多。只是依她的家世，不可能缺這些錢。因此我懷疑地問：「阿雀姨，最近缺錢嗎？」

「不是、不是，是要幫朋友的。」

「哎，好不容易買到的東西當了多可惜，既然要幫，直接給錢不就得了？」

她呵呵地笑著說：「只是考慮而已，幫不幫還說不準呢。」待問明了每一樣的價錢之後，阿雀姨便開心地走了。

過了一個星期之後，有位近中年的婦女上門，拿出一小包首飾要變現，我看了覺得眼熟，脫口說出：「咦？這不是阿雀姨的東西嗎？」

沒想到她也毫不遲疑地說：「對啊，這是我姨的東西。」我聽她的語氣沒有半點心虛，又表明是自己的阿姨，而且阿雀姨當時確實說過這些東西是要幫人的，所以也就沒多問，按照先前的價錢，點了一百多萬給她。

過了一陣子，阿雀姨又出現了，我跟她提起：「上回說有個女生帶著妳的珠寶來店裡……」話還沒說完，阿雀姨便搭腔說：「對、對、對，她是我朋友的女兒，最近生活有點困難，做長輩的總要幫忙一下年輕人。」既然是阿雀姨認識的人，我就更沒把此事給放在心上了。當天一如往常，阿雀姨照樣買了好幾樣首飾，但卻沒提起要贖回之前當的東西。

又過一陣子，沒想到那個婦女竟又上門來了，而且同樣帶著阿雀姨的珠寶來當。爲了小心起見，我覺得應該打電話知會阿雀姨才是，但是這麼一來，搞得我好像在懷疑客人似的，實在有點尷尬，於是我便問那個婦女說：「妳可不可以打個電話跟阿雀姨確定一下？」

「現在我姨不在家裡，不能接電話。」

這一聽可讓我感到爲難了，但是顧客拿東西上門，又不是來路不明的贓物，實在沒理由拒絕。因此我最後還是按著價錢借了她一百多萬。

一個多月之後，阿雀姨再度光臨，我再次向她提起這件事，阿雀姨依然笑著說：「有、有、有，這個晚輩最近狀況眞的不太好，我都知情。」前前後後約兩年多的時間，中年婦女常常拿東西來當，有時遇上阿雀姨的買價與我們的出價不同，她還會打電話給阿雀姨確認：「姨，上次妳給我的耳環是不是記錯價錢了？秦老闆說價格不一樣哩。」只是比較特別的是，質當物到期以後，她從沒贖回過，反倒仍由阿雀姨付利息延當。我們看在眼裡，實在替阿雀姨不平，總覺得這個婦女太不懂倫理規矩。可是畢竟阿雀姨是長輩，人生經驗比我們豐富得多，也許當中有些外人參不透的隱情，我們也不方便多作評論。

直到有一天，同仁接到一通陌生男子的來電，對方一開口便咄咄逼人，讓同仁毫無招架之力。同仁向我投以求助的眼神，於是我只好將電話接了過來，講了半天，我才搞懂他是阿雀姨的兒子李醫師，只聽他怒氣沖沖地質問我：「我媽媽是不是常到你的店裡邊買東西？」

「是啊。」

「她是不是花了很多錢？」

「是，沒錯。」

「爲什麼我從沒有看過她買的東西？」

「這……我怎麼會知道呢？」

「你賣了這麼多東西給她，有空也幫我注意一下，最好先打個電話告訴我。」

我反問：「這太奇怪了，你媽媽買東西我們要怎麼注意？回家之後她要收在哪裡我們能問嗎？」

李醫師知道自己理虧，口氣軟化許多：「這……我不是這個意思，我只是擔心媽媽被人家騙了。」

我聽了直納悶，怎麼這家人行爲如此神秘？可是我總不能瞞著阿雀姨向她兒子通風報信，因此下回阿雀姨上門時，我便特地告訴她：「阿雀姨，上回我接到您兒子的電話，說您買的東西都沒帶回家。他擔心您是不是被騙了。」

「哎，我都放保險箱裡，他當然不知道啦！如果下次他再問，你再跟他解釋吧。」

這一聽，我更加納悶了，爲什麼母子之間不直接溝通，還得透過外人傳話呢？

接下來幾個月時間，阿雀姨和中年婦女都不見蹤影，但眼看典當的期限已到，再不處理就要流當了。於是我趕忙聯繫中年婦女，沒想到她聽完事情原委後，竟說：「最近我姨的身體不好，我不方便聯絡她。」

這下我就忍不住質問了：「小姐，跟別人借東西來當，至少應該負責繳利息吧？連利息都要讓阿雀姨出，妳也太狠了吧？」

沒想到她聽完這句話，竟「哇」地一聲哭了起來。我想總不能替人家伸張正義，便沒再多說什麼。可是時間到了，還是要試著聯絡阿雀姨，於是我只好硬著頭皮打電話到台中，接電話是她的媳婦，她在電話那頭說：「我媽媽得了癌症，病況滿嚴重的，你是哪裡呢？」

我聽聞如此惡耗，不敢多提流當的事，只說：「我這裡是台北的大千典精品，因爲很久沒看見李女士，所以打電話來問候她。」

「咦？大千？以前我媽媽是不是買了很多東西？」

我想起阿雀姨的叮嚀，趕忙搭腔：「對啊，她說都放在保險箱。」

「不對啊，保險箱沒幾樣東西。」

「這……這得問妳媽媽，我不太清楚。」說完便匆匆掛上電話。

等到下次當阿雀姨再到我店裡時，身體已經虛弱得需要晚輩攙扶著行走，灰撲撲的臉上盡是倦意，我訝異地問：「阿雀姨，您怎麼不在家裡休息呢？」

她嘆了口氣說：「再休息恐怕就沒機會來了。秦先生，醫生宣告我只剩兩、三個月的時間，這次我來台北，也沒敢讓我先生和兒子知道。其實那位常來你店裡的女生子……」阿雀姨的眼淚奪眶而出，哽咽地說：「……其實是我女兒。因爲她嫁得不好，先生經營的紡織廠週轉不靈，生活愈來愈困難，她爸爸和弟弟都不願意支持她，可是那是我的女兒，我一定要幫她的忙。雖然當票不在我手上，但是我帶了錢過來，能不能幫我女兒贖回典當的東西，再讓她來把東西帶回去呢？」

沒想到阿雀姨平時開朗的外表下，竟天天承受著親子反目成仇的煎熬，於是我說：「那有什麼問題？當然可以。」

「你這麼說，我就放心了。」阿雀姨擦乾眼淚，我們一起清點她女兒典當的所有物品與金額，她如數支付了所有貸金。臨走前，阿雀姨從皮包裡掏出一支鑰匙和一張紙片說：「這支保險箱的鑰匙和密碼，請你放在方才贖回的珠寶盒裡，一起交給我女兒。今天的事，千萬別讓我兒子和先生知道。」

我沉吟了一會兒，還是選擇告訴她實話：「東西我一定會交給您女兒，但是如果您先生和兒子來找我，我沒有理由瞞著他們，勢必得說實話。」

阿雀姨莫可奈何地點了點頭，因爲不希望女兒看見她生病的模樣，便早早搭車離開。這也是我最後一次見到阿雀姨。

幾天後，她女兒李小姐一臉哀傷地踏進店門，表示要帶回阿雀姨留下的東西。我一邊將所有財物交給她，一邊忍不住問：「怎麼每次聽妳跟母親講電話，都不叫媽媽，反而叫阿姨呢？」

她苦笑著說：「你誤會了，我們福州人管媽媽叫『姨』，所以我叫的是『姨』，不是『阿姨』。」

這下我才終於恍然大悟，接著又繼續問道：「可是阿雀姨爲什麼要瞞著妳爸爸和弟弟資助妳呢？都是一家人，有什麼不好說的事情呢？」

李小姐聽了眼眶一紅，哭著說出阿雀姨深埋已久的秘密：「其實我和弟弟是同母異父的姐弟。媽媽在結婚之前就懷了我，因爲當時的大戶人家無法接受門風受辱，所以我一生下來，爸爸和弟弟就很討厭我，左鄰右舍也常在我背後指指點點。我以爲隨著時間過去，家裡的人會慢慢改變態度。但是直到我要嫁人，爸爸和弟弟還是無法諒解我，我一氣之下跟他們撕破臉，再也沒有聯繫過。

「可是最近幾年景氣不好，我先生的紡織廠快倒了，只好跟媽媽求援。我知道媽媽心裡對我很愧疚，所以她瞞著爸爸和弟弟幫忙我。可是現在媽媽快死了，爸爸和弟弟與我形同陌路，我已經沒有親人了。」李小姐說完掩面痛哭，我想安慰她，卻不知該說些什麼。

而再過沒多久，阿雀姨也過世了。原本以爲喪禮結束之後，事情已經告一段落，沒想到有一天，她的兒子李醫師突然上門來，一進們就怒氣沖沖地質問我：「秦先生，爲什麼我媽媽跟你買了一堆東西，我們一件都沒看到？」

我據實以告：「她全都留給你姐姐了。」

李醫師聽了當場暴跳如雷，在店裡罵了一個多小時，期間不停地打電話給他爸爸抱怨，內容不外乎是媽媽辜負了對家裡的承諾云云。又隔了兩天，沒想到李醫師竟帶著他爸爸一同前來，兩位醫師擺出上流社會的架子，一副盛氣凌人姿態要興師問罪。不過我倒是老神在在，照著正常手續辦事，因爲我沒有任何對不起他們父子倆的地方。

他們追問：「爲什麼保險箱鑰匙會被那個女人拿走？」

我裝糊塗說：「這我可不清楚，東西不是我去拿的。如果你們不放心，儘管去查。」兩人聽了仍然罵聲不絕，我實在聽不下去，忍不住問道：「老先生，她不也是您的女兒嗎？」老先生聽了臉色鐵青，一時沒接話。接著我轉頭問李醫師：「李醫師你何必講得這麼難聽？你對你姐姐眞的有這麼深的歧見？」

李醫師忿忿地說：「什麼姐姐？她從小就是家裡的累贅！」

我正色說：「你這麼說對你媽媽是個很大的傷害。你媽媽買的珠寶不過幾百萬而已，以你們的家世來說，根本算不上什麼。一來她花的是自己的錢，二來她沒扣下該給你的遺產，你一點都不吃虧，最後她把這些東西交給女兒，你這個做弟弟的有什麼好說的？即使姐姐的身世跟你不同，終究還是同一個媽媽所生，你有沒有想過你母親的立場呢？」

李醫師支支吾吾了半天，勉強擠出一句：「反正……反正我沒辦法接受這個姐姐。」

「重點不是你有沒有辦法接受，而是你從來沒有想過要接受她。現在她婚後有困難沒找你，反而找媽媽幫忙，既然是媽媽的決定，難道你不需要尊重她？」

李醫師正想反駁，但被一旁老先生的眼淚所打斷，一時間三個人都說不出話來。末了李醫師問老先生：「爸，你有什麼想法？」

老先生抹抹臉說：「從你姐姐出生開始，多事的鄰居常在背地裡說些不乾不淨的謠言，我一直不太相信，只是覺得很難堪。經過了這二、三十年的風風雨雨，我老實說一句，這個女兒最像我，我們的個性一樣倔強。」老先生拍了拍李醫師的肩膀說：「現在你媽媽已經走了，如果你姐姐願意接受爸爸，爸爸當然願意接受她。這件事情就到此結束吧，這是我們的秘密。」李醫師看著態度堅定的父親，終於緩緩點了點頭，兩人走出了店門，消失在熙來攘往的人群之中。

若干年以後，沒想到會有機會再次見到李小姐。她再次上門光顧，我們默契十足，沒有人提起過去的事。只是觀察她言談舉止間的細微變化，我想他們一家人已開始逐漸和解。因爲阿雀姨的去世，形同陌路的家人開始卸下心防，找回遺忘已久的親情。

事後回想，其實早在老先生講到「這個女兒最像我」時，心裡已經是認同了女兒的存在，至於父女之間是否眞的存在血緣關係，已經不重要了。

門簾外的一個啓發

中國人相信「血濃於水」，但也因此使得有些人過度迷信所謂的「血緣關係」，進而封閉與他人相處的機會。然而，人跟人之間之所以能建立起情感，都是經過時間的相處才能夠建立，而非是單純的只去依賴血緣。只要是建立在感情基礎上的關係並且能夠珍惜，都是一種珍貴的緣分。

酒家啞巴

幾年前，我參加了一場非常特殊的婚宴，主人是我的一位老客戶。現場賓客不多，只坐了五桌，泰半是相互認識幾十年的舊識。我留意到主桌的主位始終空著，但心裡清楚應該是留給誰。

果然，不一會兒，「啞巴」現身了。現場一陣歡聲雷動，主婚人連忙上前熱切地招呼：「爸爸你終於來了，趕快來主桌坐下，婚禮要開始了。」啞巴一陣推拖，可是拗不過全場的熱情，終於還是坐了下來。在婚禮進行的當中，只見主婚人又是挾菜、又是敬酒，將啞巴照顧得無微不至。

一位男方親友好奇地問新娘：「這位是妳的父親嗎？怎麼以前沒聽妳提過？」

在一旁的新娘的媽媽聽了，插嘴笑說：「呵呵，他是我以前在酒家工作的領班啦，算是我的老闆。」

「什麼？妳以前在酒家工作？」

「不只是她，」周圍好幾位女方的賓客笑著說：「我們以前都跟著他啊。」

看著眼前的婚宴與賓客熱鬧的景象，我的思緒也跟著飄回了從前。

在民國六十六年時，我只是一個在當舖當學徒的小夥子，在老闆的介紹下，偶爾要擔任一位本省籍營造業大老黃老闆的跑腿助理。我之所以能勝任這個職務，並不是因為擅長算帳、開車這些理由，而只是因為老闆需要一個單純老實的跟班。

爲什麼這麼說呢？因爲黃老闆有三位明爭暗鬥的老婆，三人總是設法在黃老闆身邊安插親信，好掌控先生的一舉一動。原本的秘書是大老婆派的，工作表現中規中矩，不過黃老闆每個月總要到酒家應酬三、五次，但每次喝醉酒醒之後，都會發現公事包裡的東西不翼而飛，後來才知道是秘書的手腳不乾淨，會趁他不醒人事時偷拿公事包裡的東西。只是黃老闆礙於大老婆的威嚴，不敢貿然換人。所以日後要去應酬時，改帶我這個小毛頭一同赴約。而三位夫人見我年輕稚嫩，沒什麼威脅性，便不持反對意見。於是當老闆出門，多由我幫忙提提公事包這種小事。不過也正因如此，我才有機會見識早期台灣的酒家文化。

台灣的酒家源自日本的歌舞伎町，日治時代在延平北路逐漸形成娛樂區。由於當時清廷禁止大陸渡海來台者攜家帶眷，因此許多羅漢腳孤單地在異鄉生活，爲求團結與相挺，所以便常常結拜爲異姓兄弟，彼此相約每月聚餐一次，名爲「吃會」。出身基層的在路邊攤子隨意吃喝，較高規格的就是上酒家。

說起來，本省籍與外省籍的應酬文化大相逕庭。外省籍的大老喜歡上館子吃飯，興致一來，還要找一組京劇的文武場配合票戲（指非職業演員玩票演出），但沒有京劇底子的可唱不來；而本省籍的商人深受日本教育影響，除了吃飯喝酒之外，還得有那卡西、藝妓彈唱助興。每到華燈初上，延平北路上載客的三輪車川流不息，生意好到得劃分載客地盤，以免因爲搶客而發生衝突。當時的東雲閣、五月花、美人座等知名酒家都是最高級的娛樂場所，即使家財萬貫，都還不見得能登堂入室，因爲酒家只招待熟客，任何人想入內消費，得先認識幹部才行。

在更早的民國六十五年左右，當時台灣經濟起飛，因此一到晚餐時間，每家酒家天天客滿，門口停的盡是高級轎車，出入的大老闆人人戴著禮帽，手執拐杖，穿著三件式的西裝，猛一看，彷彿置身上海十里洋場。現在許多在迪化街有頭有臉的商業世家，正是從吃會談生意發跡。

而幾次跟著黃老闆到酒家吃會下來，我也才漸漸了解到看似熱鬧歡樂的應酬場合中，其實隱含著嚴謹的流程；各路老闆進到「番」（包廂）裡先是一陣寒暄，接著便是兄弟間的互助會標會。在當時上班族月薪約兩千元的年代，老闆之間的會錢已經從十萬元起跳，半個小時內可輕鬆募集龐大的資金。標完會之後便是合作案的提案與結案。無論是出資購買土地或是賣地獲利了結，全部以支票付款，看著黃老闆的支票簽了一張又一張，每一筆的金額都高得令我無法想像。

基本上，所有的生意往來會在三十分鐘內告一段落，接著才是輕鬆吃喝的時間。首先端上來的都會是酒家界的第一名菜「螺肉涮」，接著才會陸續出現其他菜色，不變的是，一道比一道豪華。到了此時，領班便會正式進入包廂，先向客人敬酒，接著再帶著小姐進番幫忙挾菜勸酒、陪客人聊天等。到了八點半左右，等所有人吃飽喝足，桌面上的菜色立刻收走，改上酒後該吃的四樣火鍋菜。這時負責那卡西的走唱小姐便會拿出樂器彈唱，表演活動就正式開始了。

由於沒人帶現金上酒家，這時經理會送來兩萬元的百元現鈔，一萬交給作東的主人、一萬交給主賓，方便雙方打賞。無論是領班、服務生幫忙跑腿，或是小姐唱歌，小費總是一百、兩百起跳。若是遇到客人向主人敬酒，主人不勝酒力時，可以請服務生擋酒，同樣有小費可領。當大家喝到興頭上，一杯酒的小費從一、兩百變成三、五百時，主人和客人身後也會跟著一條幫忙代喝的人龍，蔚為奇觀，而整夜的狂歡都會在十點鐘準時宣告結束。不過一個晚上下來，經理和小姐賺上兩千元不是問題。而我的工作則是全程拎著公事包，在黃老闆開支票時遞上支票本與鋼筆，以及在宴席結束後陪同司機送他安全返家。

我第一次見到啞巴也是在民國六十五年，當年他還不到三十歲，在酒家擔任領班。

啞巴以手腳俐落，反應機靈爲人稱道，他也彷彿有順風耳似的，只要客人喊一聲：「啞巴！」他總能立刻現身，妥當地處理大大小小的事情。好比有些小姐偷偷將自己杯中的酒換成茶，老闆發現後大叫一聲：「啞巴！」他便會立即衝過來訓斥；客人喝紹興酒喝得不夠盡興，想要改買洋酒，也是交給啞巴打理；等到該簽帳時，主人還沒吩咐，啞巴也早已處理好。也由於啞巴有這樣的本事，常常光看人的眼神便知道下一步該做什麼，所以很討客人歡心。不過，我百思不得其解的是，明明他講話比我還溜，怎麼會被叫啞巴呢？

「八成是他小時候不會說話吧。」我在心中胡亂找個解釋。

有一天，我照例跟著黃老闆去應酬，末了他要我自己搭公車回家，意思是他當天晚上不回家，要去找小老婆。老闆前腳才剛踏出去酒家沒多久，我還留在店裡跟服務生聊天時，就聽見外頭一陣喧騰，竟然是我們老闆娘殺到酒家來逮人了！只見她怒氣沖天地暴吼：「經理呢？叫經理出來！」清官難斷家務事，更何況是貴客的家務事？經理早已躲了起來，而現場知道黃老闆去向的人更是紛紛裝聾作啞。但老闆娘哪肯這樣就罷休，持續鬧得不可開交，到了最後竟然找上了啞巴。老闆娘瞪著他問：「我先生有來嗎？」

啞巴一臉驚恐地直搖頭。老闆娘追問：「你講啊？」啞巴還是比手畫腳不發一語，老闆娘氣極了，「啪」地一聲搧了個大耳刮子，啞巴的臉登時紅腫。不過任憑老闆娘又打又罵，他依舊捧著臉拚命搖頭。

我這才恍然大悟，原來啞巴不是不會講話，而是他守口如瓶，以性命守護客人的隱私，從不傳播八卦，所以許多老闆才將他當作貼身親信般信任。啞巴的同事更不止一次言之鑿鑿地宣稱，某企業大亨的其中一任太太是啞巴牽的紅線，甚至黃老闆的第三個太太也是啞巴介紹的。

認識三十年來，我不止一次逼問啞巴：「到底是不是眞的？」可是他永遠矢口否認。即便是酒後想從他口中逼出眞相，還是難如登天。

照理說，酒家的領班握有酒家女的生殺大權，因爲小姐能不能賺錢，全得靠領班安排，倘若大戶現身，只消讓經理排到該包廂，一個晚上的收入可抵一個禮拜；反之，萬一領班專排酒品不好又小氣的客人，或是刻意不讓小姐出場，小姐便苦不堪言。所以酒家女通常稱領班爲「爸爸」，爲了多排班，三節送禮或送紅包是家常便飯，甚至有不肖的經理更會以此爲由專占小姐的便宜。

相形之下，啞巴宛如清流一般，不但安排小姐的食衣住行，而且爲了保護小姐的安全，刻意不讓酒家女跟客人出外吃消夜。遇上客人喝得醉醺醺，他還主動叫車送客人回家，改天再結帳都無所謂，因爲他深知除非客人安全到家，否則不會有回頭客。

有一回，一位小姐哭著逃進包廂，向啞巴哭訴被客人打了，啞巴見狀立刻將她拉到身後，等下一秒施暴的客人衝了進來，一把揪起小姐的頭髮又要動手時，只見啞巴撲通一聲就跪在地上，雙手緊抱客人的大腿。接著，便開始嚎啕大哭，苦苦哀求客人手下留情，所有人見他哭得比五子哭墓還哀淒，全都嚇傻了，而客人被他這麼一鬧，無論再怎麼怒火中燒也下不了手，只能悻悻然地走出包廂。只是客人的後腳才剛走，只見啞巴立刻起身抹抹眼淚，恢復正常，彷彿沒事人一般。我曾經問過他：「啞巴，你怎麼會有這麼柔軟的身段？」

「哎呀，每一個客人都得罪不起，要是我來硬的，我哪有背景跟他們鬥？萬一來軟的，就算湊上去讓他打，客人也不願意動手。所以只能用哀兵政策，客人才會罷休。」

日後等到我自己開業之後，鎮日忙於工作，與啞巴見面的機會才日漸減少。一直到若干年後，有一回某位里長要過生日，承辦的人打算在酒家辦慶生活動，他問我：「秦老闆，你有沒有認識的酒家？」我立刻就想起了啞巴，只是心中沒啥把握，因爲彼此失聯已久，不知道他是否還在老東家上班。

於是當天晚上，連同我在內，三部車開到了台北圓環附近，我踏上久未進去的酒家二樓，試探地大聲問：「啞巴在不在？」沒想到同時間就聽到樓上一陣急促的腳步聲拾級而下，一個熟悉的身影出現在面前，不是啞巴是誰？他開心地大叫：「秦仔？哈哈，好久不見！什麼風把你吹來的？」

「不好意思，有幾個長官要來喝酒。我不確定你在不在，所以跑來試試。」

「沒問題，包在我身上，來，開一番。」

那一天賓主盡歡，大家紛紛誇讚說從未到過如此高級的酒家，末了啞巴叫我簽帳，我想起年輕時看老闆簽帳時的神氣，心中豪氣陡升。日後，朋友時常請我當中間人，幫忙協調事情，每回我總是推薦去啞巴服務的酒家。一方面服務一流，再者，席間難免出現有爭議的人物，啞巴總是會偷偷提醒主人雙方互動的眉角，甚至哪一位才是重量級的角色，他都了然於心。我知道後不止一次地問：「哇，你怎麼會知道這些人的來歷？」

「嘿嘿，因爲他們的大哥來喝酒都找我安排，看久了就知道了。」

經過了這麼多年，啞巴已經成爲獨當一面的酒家經理，但是他對旗下小姐的照顧一如往常，他有時會到店裡當些手錶、戒指之類的小東西。我常好奇地問：「你缺錢嗎？」他總是搖搖頭說是爲了某位小姐湊錢。而到了月底結帳時，也同樣可以看得出啞巴細膩的心思，他總是親自到客人簽帳的店裡收帳，從不假手他人。

有時不明就裡的人會問：「請問你來收什麼錢？」倘若換成別人，肯定會二百五地回答：「酒家的錢啦。」不過啞巴總是一律裝傻：「收什麼錢我不清楚，只知道是我們老闆叫我來的。」因此直到現在，我朋友公司的會計從不知道啞巴是酒家的經理，還當他是一個年紀較長的收帳小弟。

回想我在酒家所遇到的人，多半過著下午三點起床、六點上班，凌晨兩點才回家的生活，能咬牙撐過的不在少數，但能安享晚年的委實稀有。有些酒家女或領班年輕時日進斗金，但常常因爲環境而染上惡習或是揮霍無度，即使過了十幾年，依然守在暗無天日的環境裡，從日復一日的觥籌交錯中找尋救贖或是麻痺。

許多小姐當年會踏入酒家這一行十之八九都是爲錢所困，萬一要是再遇上心懷不軌的領班，生活更是苦不堪言。但是啞巴猶如人生車站中的一位站長，將每位搭車的酒家女照顧得無微不至。當幾十年後，所有往事雲淡風輕時，這些女子多半有了好的歸宿，甚至成了生活優渥的包租婆，但逢年過節相聚時，不忘邀請啞巴爸爸同樂，絲毫不避諱昔日的出身。就像是今天的婚宴一樣，這些小姐們仍舊把啞巴當作親人般對待，就是最佳的證明。

因爲在場的每個小姐都深知，在過去悲慘的歲月裡，所幸有位爸爸拉住每一個人，不讓她們沉淪至更黑暗的人肉市場。雖然回憶不是非常風光，不過晚年卻沒有任何的缺憾，實在值得一書。

門簾外的一個啓發

其實每個人的一生，都會遇到許多的貴人，只是有時候是自己沒有察覺到而已。尤其如果是身處在紙醉金迷的環境，更是會叫人看不清現實，錯把一時的幻影當成永遠。而「啞巴」就是風塵裡不可多得的貴人，那天參加婚宴的諸多「天涯淪落人」永遠不會忘了這個曾出現在風雨飄搖時的無言人。

頭號歌迷

上當舖的客人，雖大多是爲了籌措生意週轉金，但其中也不乏只爲了生活中的一些零花錢而圖個方便的人，許多愛打麻將的常客便屬於後者。他們並不在意牌桌上的輸贏，只是喜歡跟朋友打打牌聯絡感情。

而在這類型的客人裡，有一位是祖籍來自河南的光棍唐先生。唐先生閒暇沒事喜歡摸兩圈，有時候會帶著手錶或金戒指等物品來換賭金，就這樣陸陸續續與我來往了五、六年。他的言行舉止溫和有禮，稱得上是一位謙謙君子，但是我們的交情一直都僅止於生意上的往來，至於他的家庭背景、生活喜好之類的，我們從沒聊過。

有一天，唐先生上門來，我以爲他又要來當手錶，正準備拿出當票時，誰知他先開口了：「秦老闆，我今天不是來典當的，而是有件事情想跟你商量。」這可有點意思，我們只是點頭之交，怎麼會想找我商量呢？於是我問：「什麼事情你說吧。」

只見唐先生面露難色地說：「我有些私人的東西，想寄放在你的店裡。」

「放在我店裡？那不就是當嗎？當跟放可是兩回事。」

「這……如果要當也可以。」

「說了半天，什麼東西這麼神秘？你何不拿出來讓我瞧瞧。」

「這……我沒帶在身上。反正是件好東西，改天我再帶來讓你開開眼界。」唐先生一副神秘兮兮。

過了幾天，他果然又上門了，卻一進門就汗流浹背地，喘得像剛跑完馬拉松，上氣不接下氣，他說：「老闆，東西我帶來了，能不能幫忙搬一下？」

我走出門一看，一輛破腳踏車的貨架上捆著一個沉甸甸的美式軍用大木箱，重得連我們兩個大男人幾乎都抬不動，我不禁納悶到底他是怎麼騎過來的，實在是匪夷所思。

好不容易連扛帶推地把箱子弄進辦公室，我擦著汗問：「這裡頭到底是什麼寶貝？」唐先生彈開箱子左右的銅扣，萬分謹慎地掀開箱蓋，箱子中央擺著一台小小的古董唱機，能否正常運作都不清楚，四周則塞滿了黑膠唱片，全是白光、周璇這兩位三、四〇年代上海老歌星的唱片。同時間，唐先生也滿懷期待地望著我，興奮地等待我的回答。

但沒想到我的回答卻是澆了他一頭的冷水，我不解地說：「這怎麼能當？這台愛迪生牌的老唱機值不了多少錢，況且現在還有誰想聽這些過時的黑膠唱片呢？」

沒想到唐先生這一聽生氣了，惱羞成怒地說：「我告訴你，這些唱片是我的性命！

你沒聽過怎麼能隨便亂講？每一張白光、周璇的絕版唱片都在這裡，而且我早晚必聽，不然睡不著。」

我見他認眞了，便換個話題：「好吧，不過你以前不過就是打打麻將，頂多缺個三、五千，應該不缺錢啊。這次怎麼會想把自己的收藏拿來當呢？」

他嘆了口氣說：「唉，我以前在永樂市場從事布料零售的生意，賺的錢吃不飽也餓不死。但最近跟朋友合夥，在三重開了一間小型成衣加工廠，所有的積蓄投進去後還缺一點錢，不得已只好把壓箱寶拿來換錢。」

「好，缺多少錢你說吧。」

「還差十萬。」

「有困難，這些東西不值這麼多。」

「是嗎？不然這麼辦吧，我箱子先擱你這裡，你再考慮一下。」

「我還有什麼好考慮？而且你每天都得聽，爲什麼不留在工廠呢？」

「工廠裡成天充滿噪音，根本聽不了歌；而且三重常淹水，萬一泡了水，我畢生的心血就毀了。」

我想一會兒說：「好吧，資金問題我愛莫能助，不如你把箱子擱著，我幫你保管。」

箱子是留下了，不過只過了沒幾天，唐先生又不死心地上門問我能不能當，我見他創業的念頭如此堅決，加上過去的信用狀況十分良好，便決定幫他個忙，我說：「唐先生，不如這麼辦吧，我出五萬元，當作我押寶。萬一押錯了，就算我眼光不好，自認倒楣。」

唐先生聽了喜出望外：「謝謝你，既然你敢押我，我肯定好好幹。」於是他帶著現金，千謝萬謝走了。

接下來的一、兩個月，唐先生無消無息，想必是創業維艱，抽不了身。不知道隔了多久，他終於出現了，我以爲他是要來贖回唱機和唱片，怎知他不好意思地說：「秦老闆，我還是沒錢，沒法贖回，能不能先借我兩張唱片？」

我啼笑皆非地說：「這像話嗎？你今天借兩張、明天又兩張，等於變相地把東西帶回去。你何不跟我說說爲什麼需要借唱片呢？」

「我租了一間二樓的小房，不怕淹水，而且房東有架唱機，我一看就覺得耳朵癢，可是唱片都押在你這裡，所以才來找你商量。」

「不過這一、兩個月你都沒聽，應該沒什麼影響啊。」

「哎，你不知道少了這些唱片，我這陣子渾身不對勁，拜託、拜託，就兩張！」

我禁不住他的苦苦哀求，便把木箱打開讓他挑了兩張唱片，唐先生喜孜孜地拿著就離開了。兩天後，他又上門了，而且是專程來換唱片回去聽的，接著更如此重複了好幾回，每次我都得放下手邊的工作幫他換唱片。有幾次我忍不住問：「你贖回去不就沒事了嗎？這樣弄得我好像是做唱片出租生意的。」

只見他無辜地說：「我也很想贖回。只是現在手頭很緊，如果工廠弄成了，什麼煩惱都沒有，萬一弄不成，我就完蛋了。」

甚至某天晚上十點多，他還專程跑過來換唱片。見他挑唱片時一臉認眞，於是我半開玩笑地問：「唐先生，這些老唱片眞的這麼好聽嗎？你來當的時候放了一張，音質沙沙地聽不清楚，而且現在能唱的歌星比比皆是，怎麼你老聽這麼舊的歌？」

「你不懂，我非白光、周璇不聽，其他歌星在我眼裡都不重要。」

「你是不是因爲這麼迷戀這兩位歌星，所以到現在還沒結婚？」我開玩笑地問。

他尷尬地笑了笑說：「應該也是，我曾經結過一次婚，可是老婆受不了我一天到晚聽歌，吵著吵著就離婚了。」

「你迷到這種程度，那麼你認識她們兩位嗎？」

他低頭想了想，突然感慨地問：「秦老闆，你這裡有沒有酒？我們邊喝邊聊。」我心想反正我開門二十四小時，聊聊天也不耽誤生意，便找了瓶酒，招呼他在辦公室坐下來。於是兩個人邊喝著小酒，一點一滴地聊出了唐先生的過往。

原來唐先生的父親曾在上海經營頗具規模的紡織廠，他可以算是富二代，從小就常接觸無聲電影、戲劇表演等等的藝文活動。在某次因緣際會下觀賞了由白光主演的有聲電影後，便被她迷人的身段及獨特的嗓音所吸引，即便當時年紀還小，那歌聲身影卻深深烙印在他的心中。

當天回家之後，他便纏著爸爸一定要買一台唱機，甚至以死相逼，唐爸爸愛子心切，拿出四百五十塊大洋買下一台手搖式唱機，另外再花二十塊大洋買了第一張白光的唱片。「你別看不起那一台舊唱機，那可値半條船的布料錢呢。」他幽幽地說。

而當白光的歌聲從唱機播放出來的那一瞬間，唐先生覺得自己的生命從此不一樣了。後來，他又迷上另一位歌星周璇，於是這兩位紅極一時的天后成爲唐先生一輩子的追求，除了蒐集所有的唱片，只要她們登台表演，無論票價多高，唐先生一定要到場朝聖。

他說：「雖然我每場演出都到場，可是她們從來不知道我是誰，這也無所謂。我對她們的迷戀已經超越男女之間的愛慕，而是昇華成一種崇拜與幻想。」

「秦先生，你知道嗎？白光和周璇開口唱歌的一刹那，會散發出神聖不可侵犯的光芒，那一刻才是人生的永恆。我甚至覺得，我是爲了她們兩位而活的。」

看著他眼中發出異樣的光彩，我仍然無法理解唐先生的癡迷，於是又問：「聽你說得這麼神奇，可不可以再跟我說一說這歌到底好聽到什麼程度？」

這一問，唐先生來勁了，熱心地說：「沒問題，請你把唱機搬出來，我放張唱片你聽聽看。」

「可是快十二點了，會擾亂附近的安寧……」

「別擔心，只要聲音放小聲一點，不至於吵到鄰居。」

在他的聲聲催促下，我們一起搬出了唱機，光是擦拭機器上的灰塵，唐先生就花了二十多分鐘。而當唱針溫柔地擦上旋轉中的唱片，樂聲從喇叭中傾洩而出，唐先生因爲生活壓力而緊繃的臉部線條也變得愈來愈柔和。他雙目半閉，身體自然地隨著歌聲搖擺哼唱，彷彿置身上海百樂門的舞池正中央，此時播放的正是周璇的〈明日君再來〉。

因爲我的音樂素養極差，實在聽不出歌喉的好壞，只對據說花了兩個月工資才換到的鑽石唱針比較有興趣。見唐先生一臉陶醉，我心裡暗叫不妙，這下子可能要一路聽到天亮。於是趕緊轉換話題：「既然你父親在上海家大業大，你怎麼會跑到台灣來呢？」

唐先生沉默了一秒，慢慢地說：「唉，當初共產黨到了上海，想用公債買下我爸爸的紡織廠，不過公債不值錢，我爸爸要求以銀圓交易，接著就讓我帶著錢去香港投奔當地紡織分公司的負責人。誰知道對方把我的錢全部騙走，還一腳把我踢出了門。當時我身上只剩一點零錢，吃飯都成問題，輾轉在調景嶺的小成衣廠裡打雜混飯吃，一做就是十幾年，後來跟著一群人從香港來了台灣。

「說實在的，我的好日子在年輕時就結束了，現在非常懷念當時的生活。這一回我投入全部的身家，跟朋友合夥開了一間織布工廠，雖然規模不大，目前只有兩、三台織布機，可是我有信心，一定要恢復以前父親在上海的榮景。」

聽到他有破釜沉舟的決心，我反倒不好意思留著唱機，於是說：「這台唱機眞的不錯，可是在這裡擺了三個多月，實在占地方。這樣吧，你有多少錢就還我多少，把唱機搬回去，你下班之後也能放鬆放鬆。」不過唐先生堅決說不，表明總有一天一定會全額贖回。

日後唐先生三不五時就會光顧店裡，有時繳息，有時換唱片，有時還當些別的小玩意兒，但就是沒有贖回唱機。不過他登門造訪的間隔卻愈來愈長，就這樣前前後後持續了約一、兩年的光景，接著突然音訊全無，直到唱機和唱片早就過了流當的期限。

不過，因爲我知道它們對於唐先生的重要性，所以特地按照他給我的工廠地址，試著到三重尋找他的下落。只是那一帶的紡織工廠特別多，好不容易找到原址，鄰居卻說唐先生的工廠早已搬走。無可奈何之下，我的唱機和唱片放在流當品櫥窗裡，卻始終乏人問津，最終我只好把它們全數收進大木箱裡，鎖進庫房的角落。

幾個月後，有一天郵差在店門口喊著我的名字，要我簽收掛號信。我看信封上的字跡有些顫抖，撕開一看，竟是唐先生寄來的。原來他因爲肝病住進了中興醫院，病情不樂觀，特別來信爲了無法贖當而致歉，信末還特別提出了請求：在離開人世的時候，能否在棺木裡各放一張白光與周璇唱片？即使到了生死之交，唐先生仍然保持風度，措詞懇切，讀來卻格外淒涼。

我趕緊跑到醫院，向櫃檯問明病房號碼，推門一看，只見臉色蠟黃的唐先生躺在病床上，身體有些浮腫，臉、手上都插著管子。病榻旁坐著一位女子，是他前一段婚姻所生的女兒。唐先生掙扎著要坐起來，我連忙安撫他躺好，房間裡充滿著病入膏肓特有的低沉氣氛，我試著開玩笑地問：「你失蹤了好幾個月，東西都流當了，怎麼還寫信來要唱片？不怕我已經賣了嗎？」

他虛弱地咧嘴笑說：「還說呢，那些唱片要賣給誰呢？連收破爛的都不要。」

「嘿，這可是你自己說的，什麼白光和周璇比生命還重要，其實根本不値錢啊。」

我們兩人一陣說笑，唐先生的精神也好了些。他跟著感慨地道出這幾個月的遭遇：他工廠的業績始終沒有起色，投入的資金回收無望，生活逐漸陷入困境，欠的錢愈來愈多，想還也還不起。在情緒和經濟的雙重折磨之下，身體終於挺不住壓力而垮下。他曾想打電話給我，希望我能以較優惠的價格讓他贖回唱機，但是自覺要求過分，且若眞的贖回，也無處可放，只好退而求其次，希望帶著生命的摯愛入土。

我嘆口氣說：「別想太多，這是一筆銀貨兩訖的生意，你不用道歉，我也不會抱怨，現在你好好養病比較重要。你放心，萬一眞有那麼一天，若有什麼幫得上忙的，我一定會做。」

臨走前我特地把地址和聯絡方式留給他女兒，接著趕緊回到店裡，雇了一輛發財車，挑了一些唱片，連同唱機送到醫院。唐先生見我抬著木箱走進病房，雙眼登時發亮，可是仍堅決地搖手說：「不，我不能收，這樣壞了規矩。」

我笑說：「誰說要送給你，這可是流當品，你得花錢買，來，」我伸出手：「給我十元就賣給你。」

唐先生喜出望外地要女兒掏錢，拿出一張張唱片愛不釋手地反覆查看。我把唱機擱在床頭櫃上，放上他精心挑選的白光專輯《魂縈舊夢》，並教導在一旁的唐小姐操作，隨著從唱機裡傳出的……花落水流，春去無蹤，只剩下醉人東風……唐先生也跟著滿足地沉沉睡著了。過了一陣子我又去，唐小姐感激地說：「自從爸爸聽了之後，雖然病情沒有好轉，但是心情輕鬆許多。」

接下來的日子，好幾次我都想抽空再去探望唐先生，只是店裡的生意愈來愈忙，實在分身乏術。某天早上六點多，店裡的電話響起，把我從睡夢中吵醒，我睡眼惺忪地摸到話筒，心裡納悶著，接起來是個陌生的男人聲音，對方劈哩啪啦說了一串，我實在聽不清楚，要他說慢一點。

他自稱是受唐小姐之託，通知我唐先生將於早上七點半入殮，請我去一趟。雖然早就預料唐先生時日無多，但是親耳聽聞他的惡耗，還是難過了一陣。我回答：「入殮找我幹嘛呢？我去參加公祭就可以了。」

「可是，唐先生臨終前曾交代，請你送他一程。」

我想起他一談到白光與周璇時熱切的神情，便決定帶上剩餘的所有唱片，跑一趟第二殯儀館。抵達時法事正在進行，想到幹當舖還要幫典當人送行，不禁苦笑人生無常。

唐小姐向我點頭致意，問我：「秦老闆，謝謝您願意來送我爸爸最後一程，我爸爸交代要謝謝您。」我遞上唐先生常常反覆聆聽的兩張唱片，連同其他的也一起交給唐小姐，特別囑咐她：「這些唱片別弄丟了，它們是你爸爸終生的情人。」

唐小姐苦笑說：「是啊，對他來說，白光和周璇比我和我媽都重要，所以他和我媽才走上離婚的路。」

雖然當舖號稱什麼都可當，但是這一類收藏品既非寶物，又缺少普世公認的價值，只能吸引特定的族群，所以在諸多典當品中，無論這一類的質當物多麼稀少，對我們卻毫無吸引力。收到這樣的東西，十次之中往往要賠上九次，搏感情的意義大於金錢的價值。而這一筆交易對唐先生和我都是賠錢：我只是輕如鴻毛的五萬元押錯寶，他卻遭受千金難買的精神損失。

事後，每當我遇見對於某些事物特別執著的人，便會忍不住想起唐先生，他將所有的感情與希望寄託在唱片上，當他拿唱片來變現時，彷佛已經把靈魂當進了當舖，成爲一個失魂的人。即使他日後試圖重操舊業，卻因爲志不在此，所以再怎麼努力，生命仍然走上凋謝一途。

門簾外的一個啓發

我常想，如果唐先生沒有染上重病，也許他也不需要太優渥的經濟條件，只要一台唱機、一箱唱片，便能讓靈魂悠遊於白光與周璇的歌聲中，自在地度過晚年。或許，人的興趣賣不了錢，但每個人的一生卻都必須培養自己的喜好，那種帶給人們安慰的力量，的確是再多的財富都買不到的。

福利餐廳，for free!

民國八十五、六年時，有位客人來店裡代贖一只很平凡的祖母綠戒指。本來是一筆很普通的交易，但是我們花了一個多小時找遍整間庫房，始終不見戒指的蹤影。眼看客人等得不耐煩了，我只好先向他賠不是，並央請他隔天再來，客人雖臉色不善，倒也沒多說什麼就走了。

當天晚上我和五、六個同仁統統沒敢回家，庫房門大開手捧帳簿重新盤點一回，折騰了一宿沒睡，但無論怎麼找都還是找不到。雖然戒指價格不高，只當了五、六萬，但是隔天若還是拿不出來，不但無法向客人交代，而且對商譽可是一大打擊。我自認是個不迷信的人，不過當下眞急得差點沒去拜拜。

只是著急也沒用，而且折騰了一晚上還眞有點累了，於是我還是請同仁先將大大小小的質當物入庫，自己也坐在沙發上歇一會兒。也許就是因爲被這件事困擾著，迷迷糊糊間我竟作了個夢，夢中看見包著戒指的信封被擋住了，看不見紙袋上的編號，當我試著看清楚時，猛然想起戒指還沒找到，登時嚇醒。

只是夢境在腦海中揮之不去，我尋思：「到底編號被什麼擋住了呢？」這時一個念頭閃過，我想起所有體積較小的質當物都裝入信封之中，上頭用迴紋針夾著寫上編號的長紙條，再摺成倒V字形，按號碼次序入庫。萬一收藏時不小心將兩個信封疊在一起，豈不是外頭的擋住裡面的？

想到這裡，我趕緊跟同仁說：「你們把戒指前一號和後一號的信封拿出來。」兩個信封拿來一瞧，其中一個果眞夾入了另一個信封！幸好只是烏龍一場，大家總算鬆了口氣。

第二天客人又上門來，我連忙跟他解釋前因後果，他笑著說：「沒關係，找到東西最重要。」等到要付錢時，他卻突然瞅著我的臉研究了好幾秒，接著開口問我：「老闆，你以前是不是讀桃園高中？」

「是啊，你怎麼知道？」

「因爲我是你同班同學。」

「是嗎？你姓什麼？」

「我姓哈。」

「咦？我眞的有個同學姓哈……」我也仔細端詳他的臉：「對啊，就是你嘛。」

闊別了近二十年沒見，大家的外貌都變了不少，難怪一時間認不出來。我們兩人開心聊起了彼此和當年幾位同學的近況，心中格外親切。這時，我突然想起一個人，同樣也是同班同學，於是趕緊向他打聽：「啓昌呢？你跟他還有聯繫嗎？」

「有啊，他接了家裡的事業，還在開福利餐廳，一樣在桃園客運總站旁邊，生意好得很。」

「眞的？他媽媽……他媽媽還在嗎？」我小心翼翼地問。

「還在，跟啓昌一起經營餐廳，家族事業嘛。」

我聽了鬆了一口氣：「改天有空我們一起去看看啓昌和他媽媽，好好謝謝當年他們的幫助。」

「沒問題，約個時間我們就走。」

這一次的巧遇，也讓我回憶起求學時吃過的三家福利餐廳，雖然時間不長，卻令我一輩子感激不已。

在我讀高一時，爲了省下通勤的時間，因此和幾個同學一起住校。校方將樓梯底下三角形的儲藏空間權充學生宿舍，我和幾個同學分別窩在裡頭，居住條件跟寄宿在姨丈家的哈利波特差不多簡陋。而且家裡每個月只提供六百塊的伙食費，生活有點克難。我所知道最省錢的吃飯方式便是夥同幾位同學，一起找餐廳洽談供餐。

因此第一個月，我們湊足六個人，找了學校附近的一家自助餐店談好條件，誰知道一個禮拜之後，老闆大搖其頭說：「你們這六個傢伙根本不是人，別說菜錢了，光是白飯，你們一餐能吃掉二十人份。再這樣下去，我的餐廳肯定被吃垮，你們找別家吧！」大家面面相覷，只好找下一家。

第二間餐廳是一間餃子館，老闆體諒我們都是窮學生，客氣地問：「你們的食量大不大？一餐都吃幾個餃子？」

大家你看我，我看你，不知怎麼形容。於是我身先士卒說：「不多，十個。」其他同學見狀紛紛附和：「十二個。」「我也吃十個。」「我吃八個就飽了。」

老闆笑咪咪地說：「聽你們講得都很保守，不如我們先試試看。」結果當天我們六個人一口氣吃了五百個餃子，吃到老闆臉色發青，最後一面退錢一面嚷著：「去去去！不包了！原本這五百個餃子是明天要賣的，現在你們全吃完了，我的生意要怎麼做？」

第二家餐廳當然又失敗了，我們又找了好幾家，最後終於在桃園虎頭山找到一間由韓戰後來台的反共義士開設的餐廳。所謂的反共義士十分好認，只要身上刺著國旗或是「殺朱拔毛」字樣的便八九不離十。而且他們還擁有一項特殊福利：白米由國家配給，吃飯不用錢。

所以餐廳老闆聽了我們的預算，拍胸脯保證：「一個月六百塊沒問題，白飯隨便你們吃。」見到老闆這麼豪邁，我們當然放心地大吃。

到了第三天晚餐時分，老闆得知小孩偷跑出門，因此趕忙追出去，這一去不過十分鐘的時間。但等他再回到餐廳裡，狐疑地看到桌上有一碟空鐵盤，於是問：「這個盤子原本裝什麼？」

「裝滷蛋的。」我們一面挾菜一面回答。

「那麼滷蛋呢？原本疊得像金字塔一樣，怎麼不見了？」

「全吃完了，老闆，你滷得眞入味啊！」

「什麼？我滷了一百顆準備慢慢賣，你們幾個一餐就吃完了？」老闆氣得抄起擀麵棍大罵：「滾！這筆生意我不幹了！錢我退給你們！快走快走！」大家只好抓起書包狼狽地逃出餐廳。

這下子包餐計畫宣告失敗，大家只能自己解決伙食問題。於是有的學長買了鍋子和小瓦斯爐，在學校開小灶煮麵吃。這我可沒辦法，只好到處找東西吃。當年正值青春期，食量大又不懂得分配預算，不到一個禮拜，一個月的飯錢吃得一毛不剩，落得整整三天沒吃飯。原本我打算忍到禮拜六放假回家再好好吃一頓，可是餓到後來，整個人已經精神恍惚，連走路都走不了直線。

幸好一位爲人四海的軍樂隊高三學長及時發現我的狀況不對，連忙煮麵請我吃，他見我吃得碗底朝天，忍不住勸我：「你這樣子怎麼讀書？無論如何，總得吃飽了才行啊。」

「可是我身上沒錢了，要撐到禮拜六才能回家拿錢。」

「禮拜六？還要等好幾天啊！」學長搔搔頭說：「這樣好了，明天中午你到我們班上，我教你一個絕對可以吃飽的辦法。」我一聽不用餓肚子，連忙點頭。

隔天午休鐘聲才剛剛響起，我立刻就衝到學長的班上，只見他遞給我一個便當蓋和一支湯匙，接著站上講台對全班宣布：「各位同學，這位是高一的秦嗣林，從今天開始，每個人的便當都要分他吃，要是哪一個敢不給，小心我扁人！」接著向我努努嘴：「來，隨你吃。」

沒想到學長居然威脅全班，當下我拿著餐具有點不知所措，可是咕咕作響的肚子不容我猶豫，於是我只好扭扭捏捏地問：「這……各位學長，眞的可以嗎？」台下的學長迫於同學的淫威，紛紛聳聳肩說：「哎，來吃吧！不過不能超過兩湯匙，否則我們也會吃不飽。」

於是我從第一排排頭開始，挨著座位一匙、一匙地舀到便當蓋上，才剛走完第一排，飯菜已經尖得像座小山，我趕緊吃完，再從第二排開始搜刮，短短的三十分鐘，我就吃得差點走不動。

第二天，我再次準時報到，不過幾位學長發出不平之鳴：「喂，學弟，要是你每天吃我們班，我們的壓力實在很大，能不能也到其他隔壁班吃一吃？」軍樂隊的學長聽了覺得頗有道理，於是隔天開始帶著我到高三各班巡迴用餐。這是我這輩子吃過最棒的福利餐廳，不但一毛錢都不必花，而且只消帶著一支湯匙，就能吃遍全高三學長媽媽的手藝。

吃了一、兩輪後，我更是吃出了心得，甚至可以評論每天的菜色：「學長，你能不能跟你媽媽講，不要天天炒空心菜？難道你們家不買別的菜嗎？」「學長，今天的番茄炒蛋有點鹹，你要多喝點水，否則對身體不好。」多虧學長的照顧，讓我每天的中餐吃得比誰都豐盛。

雖然午餐解決了，但是晚餐還是只能靠著六百塊的伙食費，我試圖勉強壓抑旺盛的食欲，無奈再怎麼省，每到月中，伙食費還是吃個精光，往往只能餓著肚子入眠。有一天晚上七點多，我正在房間裡看書，聽到有人敲門，打開門一看，竟是地理老師陳錫鐸老師，除了教課，他也包下學校福利社的業務。老師劈頭就問：「秦嗣林，我聽說你的午餐都在高三同學的班解決。」

「對啊。」

「這樣不好吧？」

「沒辦法，因爲我的伙食費根本不夠。不過我可不是天天麻煩高三的學長，而是等到伙食費花完之後才去吃。」我振振有詞地說。

「那麼你的晚餐呢？都到哪裡吃飯？」

「有時候去同學家裡吃，不然就跟另一位住校的同學一起湊錢買米煮稀飯。」

陳老師沉吟了一會兒說：「從明天開始，你中午跟晚上都到福利社來打工。」

「打什麼工？」

「很簡單，只要端盤子和收拾碗筷，沒有時薪，不過晚餐隨你吃。」

我點頭如搗蒜地說：「這個我行，沒問題。」

隔天我便開始福利社的工讀生涯，晚上大嚼陳老師煮的大桶湯麵。老實說，陳老師對烹飪一竅不通，福利社賣的餐食僅能維持生命所需，簡直可說是黑店。不過對我而言，味道好不好不重要，塡飽肚子才是首要目的。

而且工作了一個禮拜之後，只要高三學長點餐時使個眼色，我便心領神會地在麵條裡偷渡一顆滷蛋送上桌，當成回報學長的粥飯之恩。直到陳老師發現滷蛋短少得奇快，我才供出實情。他發現我慷他人之慨，氣得數落我：「你這樣幹我一定賠錢，我一賠錢你就沒晚餐吃了。」

我一聽事情嚴重了，於是隔天偷偷跟點餐的高三學長講：「不能再送滷蛋了，陳老師會罵人。」諸位學長一聽大失所望，我連忙補上一句：「不過偷加一片豆干還是沒問題。」這才皆大歡喜。

我在福利社的工讀生涯一直延續到高一下學期。除了我以外，每天晚上放學之後仍有許多打工的同學、單身的老師和學校工友一起圍著福利社的餐桌，大碗大碗地猛呑陳老師的獨門湯麵。

我心裡常常納悶：「奇怪，能端碗的同學多的是，爲什麼偏偏找我？而且晚餐搭伙的人這麼多，每次吃麵都是以桶爲單位，陳老師忙了半天，卻養了一堆餓鬼投胎的角色，怎麼賺得到錢呢？」直到長大了我才恍然大悟，陳老師開福利社不是爲了賺外快，而是爲了提供一個給異鄉遊子可以吃飯的地方。雖然餐食離美味還有一大段距離，對於離鄉的單身漢和學子而言，每天一頓免費而粗飽的晚餐，便是最直接的關懷。

我的三家福利餐廳，頭一間福利餐廳是高三學長所開，我得拿著湯匙走過一班又一班；第二間福利餐廳是陳老師的福利社，每天只要端碗盤和點餐，我便能吃得飽飽的；而第三間福利餐廳則近在咫尺，落在坐我身後的陳啓昌同學身上。

啓昌的身形圓滾滾，每天上課睡得比誰都熟，下課又玩得比誰都瘋。老師屢次勸他，他總推說：「沒辦法，家裡開餐廳，放學後我要幫忙到打烊才能念書，寫完功課已經十一、二點了，所以我才常打瞌睡。」其實同學都清楚，啓昌愛看漫畫和武俠小說，常常躲在被窩看到深夜才入睡。

不過，啓昌眞正引起我注意的是他那舉世無雙的豐盛便當。拜家中經營餐廳所賜，啓昌的便當不但天天換菜色，而且分量十足，欣賞他的便當漸漸成爲我每天中午的重頭戲，有時我忍不住請他分一點讓我嚐嚐，吃完後我總會忍不住讚歎：「憑我吃遍全高三便當的經驗，我在此鄭重宣布，你的便當是全校第一！」日子一久，我們的感情愈來愈好。

某個週六中午放學後我沒地方去，啓昌邀我到他家玩。兩人到了桃園客運站附近一間人聲鼎沸的台菜餐廳門口，啓昌說：「到了。」我抬頭一看，招牌寫著四個大字：「福利餐廳」。

那天餐廳的生意特別好，我們兩個不時客串服務生倒茶遞水，旁邊還有一桌員工桌，擺滿各種平時吃不到的豪華菜色，不過員工忙得沒時間吃飯，匆匆過來扒兩口飯就走了，啓昌看滿桌菜沒人吃怪可惜的，招呼我一起坐下來吃飯。我千盼萬盼就等這一句，老實不客氣地大幹一場。等到午餐時段結束，笑咪咪的陳媽媽擦著手過來招呼：「同學，好吃嗎？」

「實在太好吃了！」我滿足地抹抹嘴，這時我靈機一動，大膽地問：「陳媽媽，我每天看著啓昌的便當都很羨慕，我一個月只有六百塊的飯錢，能不能每天跟您包便當呢？」

陳媽媽爽快地說：「當然可以，反正啓昌要帶便當，我多做一個很方便，價錢好說啦。」

我一聽以後都有全校第一的便當可吃，開心地差點連翻三個筋斗，當天就交了六百塊給陳媽媽。隔天開始，每天中午翻開便當蓋都是驚喜連連，各式山珍海味和辦桌好料，統統裝進了啓昌帶來的鐵盒裡，其他同學羨慕得不得了，有人開始打聽如何跟進，甚至自家的便當都不想吃了。

吃了一個月之後，我又領了六百塊錢給陳啓昌。怎料第二天他原封不動地退還給我，啓昌搖搖頭說：「我媽媽說包便當不是新菜，都是剩菜，所以不能收你錢。喏，上次的六百塊也順便還你。」

「啊？那麼你不也是吃剩菜？」

「所以我媽也沒收我的錢。」

我把錢推回去說：「不行啦，這樣不好吧！」

但他還是硬把錢塞給我說：「既然我媽媽這麼說，你就這麼做吧！反正，我們家的剩菜特別多。」他壓低聲音說：「但是你不要張揚，因爲我家包不起全班的便當啊。」

我當然守口如瓶，這麼美味又免費的福利餐廳，萬一以後吃不到可虧大啦。

綜觀人生中所吃過的三間福利餐廳，不但填飽了我年輕時無底洞的胃口，其中蘊含的幾堂人生體驗課程，滋養了我未來的生命。第一堂課便是表達能力的培養，求學時我的臉皮很薄，上台說話連自己的名字都講不清楚，咿咿呀呀地只有吃螺絲的份。可是自從我開始走進高三學長組成的聯合福利餐廳，雖然有軍樂隊的學長在背後撐腰，不過別人總不能老是白給，我還是得先開口講幾句好聽話，否則肯定要不到那一湯匙的飯菜。因此每天中午即時而大量的鍛鍊，讓我學會主動開口稱讚別人，贏得他人好感，並得到自己想要的。日後我面對三山五嶽的朋友，照樣能自在地表達自己，迅速地融入不同的群體之中。

第二堂課是在陳老師的福利餐廳裡學到的；報恩不分能力大小，而是能否掌握機會。過去我受到高三學長的照顧，等我在陳老師的福利社打工時，即使不能報以滷蛋，一片豆干、一條海帶亦能聊表心意。況且，陳老師除了供我吃飯，還啓蒙了我不少新的觀念。我永遠記得，在戒嚴時期他冒著政治不正確的風險，小心翼翼地講述周恩來的傳奇；文人出身的周恩來與指揮千軍萬馬的鄧小平不同，他一輩子沒有拿過槍，只靠著隨身攜帶的兩支鋼筆，便把中國大陸給搞定了，說明筆是比劍更鋒利的武器。影響所及，幾十年來，鋼筆成了我片刻不離身的工具。

而今日在因緣際會下，哈同學與我相逢，就是緣分。但雖然是說好改天去拜訪陳啓昌與陳媽媽，不過當時兩個人聊得太開心，等到哈同學離開後我才猛然發覺，他只是代人來贖當，店裡自然沒有他的聯絡方式，我竟也糊塗地忘了留下電話。

當然我知道福利餐廳還在原址，每回經過桃園總想繞過去看看，只是心中難免近鄉情怯，擔心唐突前往失了禮數。幾經猶豫，這件事一擱便是十幾年。

直到這兩年，因為出版了兩本作品，我開始在媒體上大量曝光。有一天，一通陌生的電話打來，對方低沉地說聲：「喂？」我感覺這個聲音十分熟悉，立刻脫口喊出：「啓昌！」

他吃驚地問：「我們快四十年沒見了，你怎麼知道是我？」

「拜託，你的聲音很特殊，我以前聽熟了。對了，陳媽媽還好嗎？」

啓昌嘆了口氣說：「唉，我媽媽已經不在了。」

我愣了半晌，我清了清喉嚨說：「好可惜，念書的時候免費吃了她好幾個月的便當，一直沒跟她說聲謝謝。」

「什麼免費？我媽媽說當時每個月收了你六百塊啊。」

「哪有，你後來不是把錢還給我？」

「你不要這樣講啦！我媽媽真的有收錢，萬一你說她沒收錢，對我媽媽無法交代。」

我好奇地問：「這話怎麼說？」

「唉，我媽媽是做生意的，如果生意人做賠錢生意，面子上掛不住啦！」

「如果你媽媽有收錢，那麼我的六百塊從哪裡來？」

「嘿嘿，這件事我就不清楚啦。」

日後我和啓昌再度碰面，他仍是一臉福泰，當年那位上課老打瞌睡的同學，如今已經是四家連鎖食品公司的老闆，為人一如往常地謙和，兒女都在最高學府就讀，福利餐廳依舊生意興隆。

在啓昌的身上我見證了在慈悲的家庭長大的人，其後代子孫必有所成。啓昌的母親厚道待人，一方面讓兒子的同學能吃飽，另一方面先收了錢，再藉口剩菜不應該賣錢，隔月便將錢退給我，拐個彎顧及了我的尊嚴。啓昌和陳媽媽從沒指著電視上的我向親友誇口：「當年秦嗣林念書時還不是靠我們送他便當，不然他哪裡會有今天？」如此低調行善的態度，讓很多在絕望邊緣的人能夠得到救贖跟溫情。當年的每一個便當裡，都充滿了溫馨與關懷。

只是最令我始終遺憾的是，來不及親口向陳媽媽說聲謝謝。因此我後來便常常提醒親朋好友，最令人懊悔的不是沒時間道謝，而是真的想道謝時，對方已經聽不到了。

我曾天真地以為隨時有機會再與她碰面，卻從沒想到人生的一切轉瞬便消失無蹤。

無論此刻多麼開心，風輕雲散的那一刻隨時會到來。所以，凡事活在當下，很多事情想到便要趕緊去做，否則機會消逝之後，只有後悔會留下。

門簾外的一個啓發

陳媽媽深刻地教會我任何時間都要協助旁人，但是不要妄求他人的種種。現在社會多是錦上添花，不時興雪中送炭，但是舊時代悲天憫人的情懷，卻是永不退流行的珍貴情操。

摘冠的選美小姐

台北市中山北路和德惠街交叉口有一座晴光市場，約莫在民國七十幾年前後，所有珠寶、首飾等流行精品的潮流，以及奢侈品與舶來品交易，都由這一小塊區域的店家主導。當年我恰巧在附近開業，稍有空檔便去逛逛，瞧瞧時下最受歡迎的精品，開開眼界。

當中有許多是跑單幫的商人，他們常一個人飛到國外，採購當地的服飾、精品、珠寶等，再運回台灣銷售。等一陣子商品銷售得差不多時，老闆便拉下店門，繼續出國批貨；反之，若是產品滯銷，資金週轉不靈，他們就會到我的當舖求助。因此慢慢地，我跟當地的精品商也愈來愈熟，大家時常交換最新的市場訊息。

其中有一位珠寶商劉太太，她從半寶石、水晶鑽、耳環等小首飾交易起家。她也是我的客人，三不五時就會來當些珠寶變現，一開始多以小鑽戒爲主，慢慢地，小鑽戒變成價格不菲的首飾，到後來，價值十幾二十萬的大鑽也出現了，可見她的生意愈做愈大。

每回我到晴光商場，劉太太都熱情地邀請我到店裡聊天。有幾次，她的女兒劉小姐在櫃檯後幫著媽媽計帳，當時這個小女生還在念五專，然而氣質清純、容貌清麗，加上身材高挑，活脫脫是個模特兒胚子。

說起來劉太太跟其他的珠寶商不太一樣的地方，她除了能說會道、長袖善舞外，有時為了賺快錢，常走些急功近利的捷徑，但往往事與願違，賠多賺少。她曾提議擺幾件首飾在我的流當品櫥窗裡寄賣，我推說：「這麼漂亮的東西放我的破櫃子裡，豈不糟蹋了寶物。」可是她依然堅持，結果一、兩年下來，眞的一件也沒賣出去。另外，她不止一次找我投資珠寶生意，慫恿我掏出一筆資金，讓她到國外蒐購鑽石，待賣出後再還錢分紅，三兩句話就把生意的大餅畫得又大又圓，彷彿躺在家裡就能賺大錢似的。然而一來那時我手上還眞沒什麼游資，二來想到把錢交給她操作，心裡實在不放心，所以總是找藉口推辭了。

雖然沒有合作關係，但是有一陣子，附近珠寶商卻開始有意無意地向我探聽劉太太的動向，某位珠寶商來週轉時還隨口問我：「秦老闆，我前些日子進了一只某某款式的鑽戒，你有沒有看過誰拿來當啊？」我突然想起劉太太曾帶著一模一樣的鑽戒上門，可是做當舖的得替客人守密，於是只得搖頭裝作不知。可我心裡也很疑惑，別人的貨怎麼會到了劉太太的手上呢？

結果不到半年，劉太太就出事了。有一天，幾個珠寶商七手八腳地把劉太太拉進我的店裡，怒氣沖天地逼她還錢。我見一群人莫名其妙衝進來吵架，總要出來了解眞相。原來劉太太曾跟同行借了不少首飾，充作自己的商品典當變現，如今東窗事發，債主逼她贖回，劉太太哭喪著臉說：「我……我現在根本沒有錢啊。」

此話一出，幾個珠寶商氣得揚言要告她，甚至當場就要上演全武行，我只好趕緊出來打圓場：「等等，大家都是生意上的朋友，不妨聽聽我的意見；既然東西在我這裡，而劉太太暫時湊不出錢，不如你們自己先出錢贖回，貸金就當成她欠你們的，日後慢慢攤還。好處是贖回的首飾還能賣給客人，賣價可比贖金高多了。只要東西回到手上，你們必定能賺上一筆，豈不是眼前唯一的方法？」幾個人歪著頭想想有道理，便接受了我的提議。贖回首飾後，不忘向劉太太撂下幾句狠話，才打道回府去。

劉太太千謝萬謝，感激我幫她解圍，我藉機曉以大義：「劉太太，若是不老實做生意，鐵定會穿幫，賠錢事小，有損商譽可要不得。妳應該先開拓客源，再找合適的商品，這才是長久之計。」

從此以後，劉太太偶爾會來閒話家常順便向我討教一些經商的門道，不久後更憑著她能說會道的長才，成功打入了台北市貴婦名媛的群落之中，生意逐漸有了長足的起色，也認識不少商界有頭有臉的人物，其中一位便是鼎鼎有名的選美大亨唐會長。

唐會長知道劉太太的女兒頗具姿色，便鼓勵她讓女兒參加選美活動。本來劉太太就是個好大喜功的人，經過選美大亨和身邊友人不斷地遊說，三兩下就決定替女兒報名了。

我會知道這件事，純粹因為劉太太在報名之後，立刻興沖沖地跑來問我：「秦老闆，我女兒要參加選美了，你有沒有興趣投資兩百萬？」

我啼笑皆非地回答：「這到底關我什麼事啊？再說，選美不是長得漂亮、多才多藝就好了嗎？怎麼需要這麼多錢？」

「哎呀！你不懂，不送禮打點評審做做公關，怎麼可能選得上？兩百萬還只是基本價，想要得名次，還不止這個數目。」

「如果妳的女兒真的雀屏中選，有什麼好處嗎？」

「當然有好處啊！選上之後，光是演電視、拍電影，代言廣告就賺不完了！我們是老交情了，所以先把這個好機會讓給你，事成之後照比例分紅！怎麼樣？拿出兩百萬沒問題吧？」雖然她講得眼睛發光，好像已經看到女兒頂著后冠出現在電視上似的，但是我只當成趣聞一則，並沒有特別理會。

雖然沒從我這兒得到正面回應，但是劉太太還是順利的找到了其他金主，贊助女兒進軍選美大賽。而劉小姐十分爭氣，最後奪下了第二名。而剛好那一屆冠軍在賽後不久就爆發了醜聞，因此被選美協會摘除第一名的后冠，劉小姐便順利遞補成了當屆選美皇后。

這下子不得了，在商場浮沉已久的劉太太終於盼到大出風頭的機會，自然要四處宣傳。一時間，東區政商名流都知道劉家「狀元及第」，劉太太見情勢大好，藉機鼓勵金主加碼投資，在東區最熱門的地段大張旗鼓開了一間珠寶店，從小小的珠寶商搖身變成珠寶大亨，選美小姐的后冠成了最有力的廣告，母女兩人好不風光。

劉太太的生意看似飛快地成長，不過她依舊不時帶些珠寶找我週轉，我納悶地問：「妳開了這麼大的珠寶店，應該很有錢啊？」

「哎呀，那些門面都是撐出來的，我的手頭還是不太方便。」

「既然如此，妳要不要保守一點？先別玩這麼大。」

「你不懂，現在是我擴大經營最好的時機，因爲我多了好幾條大魚。」

她這麼說，我倒是深信不疑，因爲劉氏母女已經打入了上流社會的社交圈，跟過去不可同日而語。有一回，我應邀參加某名流的喜宴，席間巧遇劉太太，我揮手打招呼，她卻假裝不認識我。但到了第二天，她還特地來解釋：「不好意思，昨天因爲人太多了，所以沒時間跟你打招呼。」

我笑說：「沒關係，我還以爲妳忘了戴眼鏡，所以沒理我，哈哈。」不過，我當然心裡有數，知道她擔心賓客懷疑鼎鼎大名的劉太太竟是常跑當鋪的客戶，有損顏面。這點我早已習以爲常，倒也不惱。

此外，有時劉小姐也會來幫媽媽贖當，身邊經常有不同的男伴，不是富商便是富二代。劉小姐常戴著墨鏡，深怕被民眾認出她是選美皇后，只是小小的墨鏡怎麼也掩不住一身的珠光寶氣與嘴角的輕笑。我看著她從清純的高中女學生，搖身變成穿梭在富商之間的花蝴蝶，老覺得哪裡不妥，便偷偷問劉太太：「幹嘛叫女兒來贖當呢？」

「因爲接近我女兒的男人都是很有錢，他們肯出錢幫我贖，我當然舉雙手贊成。」

「萬一被看見了，會不會影響選美小姐第一名的身分啊？」

她搖搖套著鑽戒的食指：「有什麼關係呢？只要沒人傳，就不會有人知道啦。」

這對母女就這樣風光了三、四年。直到有一天，劉太太抓著一個黑色尼龍布手提包，慌慌張張地衝進當鋪，劈頭向我求救：「秦老闆，今天你一定要借我一百萬，不然我可要跳票了！」

「別著急，我盡量想想辦法。妳有什麼東西可以當？」

「憑我女兒的頭銜，難道不能借一百萬嗎？」

我啞然失笑：「她是選美小姐，跟我的生意八竿子打不著啊。」

「我就知道你會這麼說。」她立刻從手提包裡翻出一個絨布盒子，打開來遞給我，裡面赫然是選美小姐的后冠與權杖，上頭的碎鑽緊密排列，靜靜地閃著光芒：「這肯定值一百萬！」

我戴起單眼放大鏡，屏息鑑定鑽石的成色，同時心裡好奇地想：「這兩樣東西以往只在電視上看過，能鑲在上頭的鑽石應該價值不菲……咦？這不對勁……」

我摘下放大鏡，「劉太太，妳確定這是眞鑽嗎？」

「當然是眞鑽！當初選美可是花了三百多萬啊！」

「三百多萬是公關費，妳怎麼知道鑽石是眞的呢？找人鑑定過嗎？」

她不安地扭扭身子：「這……提供后冠和權杖的廠商應該不會作假。」

「如果兩樣全是鑽石，市價起碼要三、五百萬，但這些只是眞水晶，很抱歉，跟眞鑽的行情差太遠了。」

她聽完我的判斷，很清楚沒有討價還價的餘地，臉立刻垮了下來，也顧不上收拾東西，馬上狼狽地掏出手機四處求援。打了半個多小時，最後還是借不到錢，只好氣沖沖地把后冠和權杖胡亂塞進袋子，踩著高跟鞋衝出門。

隔天，馬上有人上門打聽劉太太，我秉持一貫的優良行規，絕不承認客戶身分，順便幫她開脫：「劉太太不可能是我的客戶，她只是來買買流當品而已。」

「眞的嗎？可是她上次得意地告訴我，你是她的乾弟弟。」

我聽了又好氣又好笑：「我有乾姐姐？我自己都不知道啊！她幹嘛這麼說？我很尷尬耶，我跟她沒有這一層關係。」

「因爲昨天她突然打電話給我，說什麼爲了擴大營業，要跟我張羅一筆錢。所以我才特地來問問。」

「這樣啊，她的事情我不清楚，」我繼續裝傻：「不過，做生意還是小心一點。」

原本以爲乾弟弟風波已經結束，沒想到半個月之後，我那從事珠寶設計的眞正姐姐火冒三丈地跑進門，我不解地問：「妳幹嘛這麼生氣？」

「你知道開珠寶店的劉太太嗎？她跑路了！」

「什麼？兩個禮拜前她還在我面前打電話籌錢，怎麼突然倒閉了呢？」

「是啊，上次她還當著我的面說：『妳知道大千當舖的秦老闆是我的乾弟弟嗎？』我立刻回她：『他是妳乾弟弟？我是他的親姐姐耶，我弟弟才不會跟別人認什麼乾姐乾弟的，妳不要亂講！』」

我聽了大笑，可是看姐姐餘怒未消，便趕緊收起笑容問：「那麼她跑路跟妳有什麼關係嗎？」

她聽了直跺腳說：「她拐了我兩百萬的珠寶啊！」

「爲什麼妳要給她？」

「她說最近要帶著女兒出國參加世界小姐選拔，身上需要一些漂亮的首飾才稱頭，可以讓我們掛名贊助。結果首飾給她沒幾天，人就跑了！」

「她跑了又如何，可以找她女兒啊。」

「你不懂嗎？母女兩個都消失了！」

這下子完蛋了，連選美小姐都一起人間蒸發，看來凶多吉少。果然沒多久就看到選美協會在報紙上刊登正式聲明，直指劉小姐行爲不端，即日起便解除選美小姐的委任職務。之後，陸陸續續還有許多幫她贖過東西的公子哥，不斷地來探聽母女倆的下落，讓我不勝其擾，其中一位還問：「秦老闆，你知不知道你乾姐姐上哪裡去了？」

「拜託，你們不要再來害我了！我哪有什麼乾姐姐？」

「我是指女兒是選美小姐的劉太太……」

「不要再講了，我跟她一點關係都沒有！而且我知道你是誰，你跟劉小姐一起來過，你怎麼不說說你們是什麼關係？」

公子哥搔搔油亮的西裝頭說：「我們只是吃過一、兩次飯，她告訴我劉太太手頭很困難，要我先幫忙贖當。沒想到兩個人一去不回頭，馬子沒把到，連錢也拿不回來。聽說還有比我慘的，有幾個凱子爲了追她，把珠寶放在她媽媽的店裡寄賣，現在一個影子都沒有。」

看著這麼多人栽在這對母女的手裡，我不免慶幸自己沒什麼大損失。

過了一年多之後，有天我飛去香港參觀珠寶展，會後當地的廠商代表請我吃鏞記燒鵝，還邀我到蘭桂坊續攤喝一杯。當時我還以爲蘭桂坊是一家piano bar的名字，到了現場才知道整條街滿滿都是酒吧，正當選擇要去哪一間時，瞧見前方一位高挑的女子正挽著一個白人嬉鬧地走進對街的酒吧。

我覺得這女孩子很面熟，仔細一看，這不就是震驚東區名流圈的劉小姐嗎？於是拉著廠商代表說：「別選了，我看到一個熟人，就挑對面那一家。」

我們挑了鄰近劉小姐的桌子坐下，心裡琢磨該不該上前去問問劉太太身在何方？原本擔心太過突兀而不敢行動，等到喝了酒膽子大，覺得還是得幫姐姐討回公道。於是我走到劉小姐的桌旁，拉把椅子坐下，開門見山地問：「劉小姐，妳還認得我嗎？」

劉小姐就著昏黃的燈光認出我，驚嚇地說：「你是秦叔叔！」坐對面的白人一臉狐疑地看著我，劉小姐趕緊解釋：「It’s OK. He is my friend.」老外聳聳肩往椅背一靠，任我們聊天。

我看老外聽不懂中文，便直接了當地問：「妳媽媽也在香港嗎？」

「我不能告訴你，但你怎麼知道我在這裡？」

當下我便扯了個謊：「我一路跟蹤妳到香港，不過我沒有別的意思，只是代表我姐姐找回她的東西。告訴我，妳媽媽究竟在哪裡？」

劉小姐原本還想閃爍其詞，但是看見白人面露不耐，最後只得匆匆說出一個地址。我記下之後說：「好，妳別騙我。」便回到原本的位子向廠商代表道別，在門口攔了一輛計程車，直奔劉小姐給我的地址。

車子停在一個老舊的巷子口，我尋線走進一棟灰撲撲的大樓，樓梯間傳來陣陣霉味與汗臭味，走道上的燈泡閃爍，拖鞋、報紙、塑膠袋等雜物散落一地，環境不是太好。我向一位住戶確認了劉太太的住所後，直接走到鐵門前按了電鈴。

鐵門嘎吱一聲打開，可把劉太太嚇了一跳！我順勢看向她身後的空間，也嚇了一大跳；整間房子最多三坪大，美其名是屋子，實際上只是個水泥隔間，連廁所都沒有。極小的房子裡堆滿雜物，生活品質不言而喻。

我問：「劉太太，妳欠我姐姐的東西，該還給她了吧？」

「我……我已經賣掉了，想還也沒辦法。」

「賣掉了？那錢呢？」

「早就賠了。」

「這不合理，妳無緣無故拿了我姐姐的珠寶，現在我已經找上門了，妳至少該表示一點誠意吧。」

她開始東拉西扯，一下子訴苦，一下子又說遇到什麼好機會，講著講著竟掩面哭了起來。我想起當年幫她解圍的往事，頓時覺得時光倒流，嘆了口氣問：「先別哭，當時妳的珠寶店不是開得很大嗎？女兒還是選美小姐第一名，怎麼今天會落得如此下場？」

她邊擦眼淚邊說：「其實當初有人告訴我香港有機會，我才整合台灣的資金，來香港狠狠玩一筆大的，當時我女兒還搭上一個香港富商，以為從此可以高枕無憂。卻沒想到所謂的賺錢機會，居然是老千集團設下的騙局。女兒釣到的凱子，也是同一群人裡的騙子，所有從台灣帶來的錢和珠寶，全部被騙光了。現在唯一的收入，只能靠女兒參加公關公司安排的飯局，找機會陪外商或是貴賓吃飯應酬，生活都成問題，即使想回台灣也回不去。」

我再次看著她身後雜亂的環境，相信她所言不假，若好好賣完珠寶便能大賺一筆，怎麼會落到貧民窟呢？我想了想說：「唉，妳多少表示一點意思，不然我不好向我姐姐交代。」

她低頭想一會兒，從一堆紙箱和袋子間翻出一個不起眼的小戒指說：「你拿回去吧。」

我一看，還眞的是我姐姐設計的，原本兩百萬的首飾，如今只剩下一只最不值錢的小戒指。但還能怎麼辦呢？我順手撕下筆記本的內頁，寫了一張收據，將她和三坪大的房子留在灰暗的大樓裡。

在回酒店的計程車上，我看著窗外霓虹閃爍的街景，回顧認識這對母女的過程，一路唏噓不已。

她們將天生麗質當成工具，利用他人的虛榮心和貪圖美色，試圖建設自己的王國，可是沒想到碰上比她們更狠更貪的人，轉眼間，一切榮華富貴雙手奉上。

回到台灣後，我把戒指當面交給姐姐，說：「兩百萬這輩子拿不回來了，這個戒指留作紀念，以後要相信別人之前，記得先端詳一下以資警惕吧。」

門簾外的一個啟發

人的長相是天生的，因此長得好看是一種上輩子修的福氣，它可能會使你的生命更加順遂如意，但是光只有漂亮的外貌，而心卻不正的話，終究也只是浪費而已。現在的整形技術發達，因此許多人都有機會可以讓自己變得更美，這不是一種壞事，但只是一味地追求外在，而沒有充實內在的話，也無法相輔相成。有一句話說：「長得漂亮是你的優勢，但活得漂亮才是你的本事。」就是最好的註解。

附錄

當舖業的沿革與未來

民國九十年是台灣當舖的一大轉變期。

當年，當舖業立法開始催生，我也積極參與其中。不過，並非是我有什麼先見之明，或是懷抱憂國憂民之心，純粹是因爲台灣廢省之後，許多行政命令與法律宣告無效，以當舖業而言，原本適用的當舖業管理規則立即失去約束效力，所以一夕之間當舖業無法可管，衍生出許多意想不到的問題。

比如說，原本當舖的設立需按照人口比例，每縣市三萬人口得設一家。但是自從廢省之後，短短的一個月之內，當舖暴增了一百家，半年內總共增加了三百多家。要知道申請一張當舖執照最少要一、兩百萬，也就是短短的六個月中創造了幾千萬的商業利益。不過，一般民眾可不知道當舖業進入無政府的情況，只有相關主管機關和當舖業者知道，而懂法律的業內人士不多，所以這些錢落入了有心人士的口袋。但是最大的問題不在於利益分配，而是當舖開始無限膨脹，可能在一年內由一千兩百家倍增成三千家，若是當舖此起彼落地設立，肯定會變成治安的隱憂。

內政部明白重新立法的急迫性，但是警政署中負責立法的人員既沒有實務經驗，也不曾出外考察各國當舖業的經營情況，可說對當舖業完全外行。一干人悶在辦公室裡閉門造車，搞出一個官方版的當舖業草案，內容不乏荒唐之處；第一，當舖業回歸自由經濟，申請設立不設限。看起來雖是美意，但問題是主管機關爲警察局，若以治安爲考量，本不該開放；一旦開放便成了一般商業，應由經濟部管轄。如此一來，任何人都能拿莫名其妙的東西到當舖變現，很容易淪爲銷贓的渠道。況且若是人人皆可開設，屆時大街小巷當舖林立需要投入多少警力才能維持治安呢？

第二個問題是當舖業之營業以收取利息及流當爲限。但是，「利息」給人的印象便是坐享其成，彷彿肩不動膀不搖便有現金入袋，自然容易讓人留下吸血鬼的錯誤印象。但其實當舖應屬服務業，不是純粹的金融業。因爲當舖從業人員學習鑑定物品的眞僞，幫客人週轉現金，如同醫生以專業學識幫病人診斷。同爲專業，應該收取服務費，並不該簡化成利息的問題而已。

爲此，我在參與立法時便不斷大聲疾呼，首先，當舖申請和設立一定要設限，不是爲了讓當舖執照奇貨可居，獲取更多利潤，也非爲了拿到許可證可以爲非作歹，而是當舖家數不設限將影響治安，對全民委實不利。本來我提出以專業證照作爲申請的門檻，例如主管機關和當舖公會設立資格考試，合格後發給相關證照，比照律師、醫師等行業辦理，一來限制家數，二來提升專業素質。但經過相關單位討論，最後仍改回依照人口比例管制設立家數，雖然並不完美，但是總比完全不限制來得強。

我所提出的第二個建言爲改變收費方式。我主張廢除利息計算方式，而依照當鋪業的特性來收費：一、無論當或不當，當鋪業者提供爲客戶鑑定，就應該收取服務費；二、若是典當的物品體積較大，如汽車、機車等，一般的庫房擺不下，得另外租倉儲間或停車位，自然產生倉棧費；三、按照物品價值收取保險保全費。不過，即便我與同業大力的奔走遊說，可惜仍未被完全採納，最後改僅增加倉棧費。

雖然現行的法規未臻完善，仍有許多需要改進之處。無論如何，通過當鋪業法對當鋪業和台灣的治安有著顯著的貢獻，尤其其中一條中規定典當時需按指紋，雖然有些違反人權的意味，但是同時杜絕不法之徒利用當鋪銷贓的機會，算得上是功德一件。

只是，從當鋪業法立法至今，十三年一晃而過，十三年來台灣的經濟狀況變化非常大，百姓的收入不見增加，有錢人和沒錢的人愈來愈多，中產階級日漸稀少。而身處財富天秤兩端的人不會進當鋪，因此傳統當鋪式微，逐漸將執照轉賣給新興當鋪，即提供非動產質借以外的借錢管道，比如票據、貸款車均可借款。

但隨之卻也衍生出新的問題，因爲這類質借物的保證不足，原本傳統當鋪不能收的信用貸款，但是新興當鋪照樣收，形同經營小額動產信貸的商業，與過去當鋪的本質差距甚大。而且也由於擔保不足，更容易發生債務問題，新興當鋪得收取較高費用才能平衡風險，有時不免涉及違法，這一切的轉變是當初立法時主管機關始料未及的。演變至今，新興當鋪跟傳統型當鋪的比例約是九比一，傳統當鋪只會愈來愈少，儼然成了名勝古蹟。

如果問我：「傳統當鋪以後能往哪裡走呢？是否只能走向死胡同？」依照我一輩子在當鋪裡打滾的經驗，我相信傳統當鋪將走向以服務爲目的、以專業爲營利的方向，依舊大有可爲。

一、專業領域的鑑定、仲介與保證。民眾家中若有寶物需要鑑價，不需要排隊上電視節目，因爲傳統當鋪就是免費的鑑定所。現今社會網路交易如此發達，許多人擔心買到假貨，不如先拿到當鋪鑑定，以當票上的價錢作爲交易的參考憑證，讓買賣雙方均能安心往來。

二、擔綱二手物品的環保銷售平台。比如許多人收著看似不起眼，其實很值錢的老酒，或是懷著稀世奇珍，卻不知道買家在何處。不如先典當拿到一筆錢，再透過當鋪的網路平台媒合買賣雙方，等到買家出現時，雙方一同到店裡，一人來贖，一人來買。時下風行的拍賣網站只負責商品通路，不負責眞僞，但是當鋪的網路既是通路，又能負責，相較之下安全許多。

三、特殊商業的倉儲跟資金的流通業。以古董文物業、貴重金屬業、珠寶業、鐘錶業和精品業爲例，當庫存過多、資金週轉不靈時，業者多半只能將存貨塞入倉庫，再四處找資金。若是配合傳統型當鋪的特性，可將庫存先典當，不但獲得資金，而且商品仍可銷售，甚至減少倉儲壓力，如此一來，雙方都可生存。

四、提供特殊人或特殊團體的拍賣活動。雖然當舖法中並未規定拍賣的業務，但是流當品均可拍賣陳列。我曾遇過一些長輩，收藏了一輩子的物品卻不受子女青睞，想要轉賣卻不知道賣誰，若交給素昧平生的拍賣行，又擔心上當受騙。針對這樣的客戶，我們可以先透過典當，待期限到了之後再拍賣，結局總是賓主盡歡。

這四個方向將是傳統當舖業拓展新機、起死回生的出路，任何一條均是由專業學識鋪設而成，所以當舖從業人員需要不斷地精進專業知識、提高服務品質。傳統當舖業正是幫人鑑定，幫人倉儲，提供專業知識，判定物品價值的行業。我從事這一行四十多年，看盡潮起潮落與社會轉變，正因如此，我深刻地相信，唯有堅持傳統的當舖忠於專業忠於客戶的精神，才是邁向未來的創新之路。

29張當票③：門簾外的人生鑑定

作　　者	秦嗣林
文字整理	王上青
責任編輯	蔡錦豐
美術設計	黃暐鵬
總 經 理	陳逸瑛
編輯總監	劉麗眞
發 行 人	凃玉雲
出　　版	麥田出版 地址：台北市中山區民生東路二段141號5樓 電話：(02)2500-7969 傳眞：(02)2500-1966
發　　行	英屬蓋曼群島商家庭傳媒股份有限公司城邦分公司 地址：10483台北市中山區民生東路二段141號11樓 網址：http://www.cite.com.tw 客服專線：(02)2500-7718｜2500-7719 24小時傳眞專線：(02)2500-1990｜2500-1991 服務時間：週一至週五09:30-12:00｜13:30-17:00 劃撥帳號：19863813　戶名：書虫股份有限公司 讀者服務信箱：service@readingclub.com.tw
香港發行所	城邦（香港）出版集團有限公司 地址：香港灣仔駱克道193號東超商業中心1樓 電話：+852-2508-6231 傳眞：+852-2578-9337 電郵：hkcite@biznetvigator.com
馬新發行所	城邦（馬新）出版集團【Cite(M) Sdn. Bhd.】 地址：41, Jalan Radin Anum, Bandar Baru Sri Petaling, 57000 Kuala Lumpur, Malaysia. 電話：+603-9057-8822 傳眞：+603-9057-6622
麥田部落格	http:// ryefield.pixnet.net/blog
排　　版	浩瀚電腦排版股份有限公司
印　　刷	中原造像股份有限公司
初版一刷	2014年5月
售　　價	NT$299　HK$100
I S B N	978-986-344-087-1

國家圖書館出版品預行編目資料

29張當票③：門簾外的人生鑑定 / 秦嗣林著. －－ 初版.
－－ 台北市：麥田出版：家庭傳媒城邦分公司發行, 2014.05
面：　公分：

1. 人生哲學　2.通俗作品
ISBN 978-986-344-087-1（平裝）
191.9　102004108